Niklas Luhmann

La confiance

Un mécanisme de réduction de la complexité sociale

Traduit de l'allemand par Stéphane Bouchard
Introduction à l'édition française par Lukas K. Sosoe

Publié avec le concours du Goethe Institut dans le cadre du programme franco-allemand de coopération avec la Maison des sciences de l'homme, Paris

ECONOMICA
49, rue Héricart, 75015 Paris

Cet ouvrage est une traduction du livre publié par Lucius & Lucius Verlagsgesellschaft, Stuttgart, sous le titre, *Vertrauen, 4. Aufl.*

Préface à l'édition française

I

Vertrauen. Ein Mechanismus der Reduktion sozialer Komplexität de Niklas Luhmann date de plus de trois décennies. Très tôt il a été traduit dans plusieurs autres langues, où il fait désormais partie des références classiques, quasi incontournables de la littérature sur le thème de la confiance. Il a fallu attendre plus d'une trentaine d'années, plus précisément trente-sept ans, pour le faire connaître au public francophone.

Par rapport à son œuvre majeure, *Soziale Systeme* (*Systèmes sociaux*), *Vertrauen* est un ouvrage relativement abordable. Le degré d'abstraction conceptuelle et surtout le langage ne constituent en rien un obstacle à sa compréhension et surtout à l'appréhension de ce que Luhmann entend par « *réduction de la complexité sociale* ». Il en est tout autrement des *Systèmes sociaux* dont l'abstraction rendait nécessaire l'abandon du langage ordinaire[1]. Devant constituer son objet, la théorie des systèmes ne saurait reprendre le langage ordinaire, *a fortiori* si elle veut s'établir comme une *théorie générale des systèmes sociaux* et honorer les prétentions à l'universalité élevée par son auteur. Certes, Luhmann concède volontiers que « celui qui parle et écrit, devrait s'exprimer clairement » de façon à se faire comprendre : « À première vue, cette exigence est évidente. » Mais, ajoute-t-il, et c'est là sa défense de l'hermétisme et de l'abstraction de son langage, « la sociologie n'est pas une doctrine de la première vue, mais celle de la seconde vue[2] ». À la première vue, doit se succéder une seconde qui permet de prendre distance de ce que le langage quotidien a préformé et de ce qu'il nous a habitué à voir et à exprimer.

Néanmoins, ajoute Luhmann, si c'était à refaire, il réécrirait entièrement plusieurs choses[3]. « Ce que j'ai écrit jusqu'à présent est entièrement une

▲ 1. Voir la préface du présent ouvrage.

▲ 2. Luhmann N., *Soziologische Aufklärung*, Opladen, Westdeutscher Verlag, 1970, p. 170.

▲ 3. Luhmann N., *Archimedes und Wir*, Berlin, Merve, 1987, p. 142. Il prend néanmoins soin d'ajouter que tous les ouvrages posthumes (*Nachlass*) reprendront les thèses de l'œuvre majeure. Seulement, bien avant sa mort, Luhmann a fait paraître *Die Gesellschaft der Gesellschaft, Die Kunst der Gesellschaft, Die Wissenschaft der Gesellschaft, Das Recht der Gesellschaft* qui sont autant d'application de sa théorie générale des Systèmes sociaux à la

série nulle de la production théorique à l'exception de mon dernier ouvrage : *Soziale Systeme*[1]. » C'est ainsi que Luhmann, dans une interview donnée en 1987, soit, trois ans après la parution de *Soziale Systeme*, décrivait son œuvre. Il ajoutait : « Oui, de toute façon, c'est le coup d'envoi de la publication du *Nachlass* pour ainsi dire. » Ce livre, ajoutait-il plus loin, « je ne le rejetterai pas si vite, malgré le fait que j'écrirais plusieurs choses autrement[2] ». Que dire alors de *Vertrauen,* écrit paru plus d'une quinzaine d'années auparavant, si après trois années *Soziale Systeme* était déjà susceptible, d'après son auteur, de se voir fortement remanié ? L'ouvrage a-t-il encore quelque chose à nous dire que des publications plus récentes ou même posthumes de Luhmann ne sont pas à même de nous révéler ? Comment le situer par rapport à *Systèmes sociaux,* c'est-à-dire à l'œuvre majeure ?

II

La parution de la traduction de l'ouvrage : *Vertrauen* ou *Confiance* arrive à point nommé pour nous offrir l'occasion de tenter une reconstruction – ne serait-ce que très sommaire – de la théorie luhmannienne des systèmes ou, mieux, de suivre une étape de l'élaboration de cette dernière. Comme l'indique le sous-titre, c'est dans la perspective d'une théorie englobante que la confiance est abordée ; une perspective qui annonce déjà un des termes fondamentaux de la théorie luhmannienne des systèmes, celui de « réduction de la complexité sociale ». En sous-titrant son ouvrage « *Mécanisme de la réduction de la complexité sociale* », Luhmann introduit, de fait, une catégorie fondamentale de sa théorie des systèmes, une catégorie qui, aujourd'hui encore, demeure indispensable à tous ceux qui voudraient appréhender une étape particulière de son cheminement intellectuel. D'autres concepts y figurent, que Luhmann appelle *media* ou « codes de sélection de la communication » : *la vérité, l'amour, le pouvoir* et *l'argent*[3] que l'on retrouvera plus tard, non seulement dans *Soziale Systeme*, mais aussi dans ce qu'il convient d'appeler l'apogée de son œuvre : *Die Gesellschaft der Gesellschaft* qui résume et clôt, pour ainsi dire, sa théorie des systèmes. Tout comme la confiance, tout le fonctionnalisme de Luhmann tendra à montrer que le concept de sens ainsi que toutes institutions humaines, y compris les relations intimes, constituent des mécanismes de réduction et d'absorption de la complexité sociale, et permettent à l'être humain de s'orienter, malgré le nombre infiniment grand des possibilités données.

---

société dans son ensemble, à l'art, à la science et au droit, de sorte qu'on peut dire que seuls les derniers ouvrages constituent des ouvrages posthumes : *Das Erziehungssystem der Gesellschaft*, *Die Religion der Gesellschaft* et, enfin, *Einführung in die Systemtheorie*, ouvrage, certes peu connu, mais qui représente l'exposition la plus claire et la plus pédagogique de la théorie luhmannienne des systèmes.

▲ 1. Luhmann N., *Archimedes und wir*, *op. cit.*, 142.

▲ 2. *Ibid.*

▲ 3. Voir notamment le chapitre VII du présent ouvrage.

Cette thèse, on la retrouve dans l'œuvre majeure avec différentes nuances où elle acquiert un développement légèrement différent. Ce qui permet d'infirmer quelque peu les vues de Luhmann sur son œuvre majeure et de suggérer que, malgré sa dimension technique, *Soziale Systeme* n'est pas « tombé du ciel » pour initier une série d'ouvrages destinée à être publiée après la mort de l'auteur, qu'il n'est pas ainsi le coup d'envoi d'un *Nachlass*, mais qu'il s'inscrit dans une continuité dont *Vertrauen* marque une très importante station et non une césure. Station importante et non césure, *Vertrauen* l'est, au moins, à deux niveaux. D'abord, et fondamentalement, parce que Luhmann n'avait pas encore fini d'élaborer sa théorie des systèmes auto-référentiels qui deviendra le cadre de la théorie de sa maturité, empruntée, entre autres, aux biologistes Varela et Maturana et connue sous le nom d'autopoïèse. Il s'y emploiera longuement dans le premier chapitre de *Soziale Systeme*[1]. Ensuite, Luhmann demeurait encore dans l'univers d'un certain humanisme et, du point de vue de la théorie, encore sous l'influence de la sociologie américaine et des classiques allemands. Husserl et Schütz (qu'il tente de dépasser mais qui, d'une certaine manière, ne le quitteront plus jamais), Talcott Parsons, Irving Goffman, et même Harold Garfinkel étaient encore ses interlocuteurs. En effet, ces théories qui, pour lui, étaient partielles, se retrouveront, d'une certaine manière, dans l'œuvre majeure. Cependant, si Luhmann réussit à les installer dans son paysage théorique conceptuel, s'il se réfère à ces auteurs, c'est, soit pour montrer en quoi elles avaient, comme celle de Parsons, préparé le terrain à la théorie des systèmes ; soit pour accorder un tout autre sens à l'ensemble de leur appareil conceptuel.

L'anti-humanisme de Luhmann totalement absent dans *Vertrauen* a été particulièrement marquant dans l'œuvre de la maturité. À la différence des théories déconstructivistes de la subjectivité en France, il procède du sein même des exigences de base de la théorie des systèmes et leur est profondément lié. Pour mieux cerner ce qu'il faut entendre par ce terme d'anti-humanisme, malgré sa polysémie et mesurer la distance qui sépare *Vertrauen* de *Soziale Systeme*, il vaut la peine de laisser l'auteur lui-même en expliquer les motifs : « La question du sens subjectif de l'action sociale est dans la théorie sociologique un problème central. La théorie des systèmes tente de saisir l'action sociale par des concepts de communication, entendue comme l'unité de l'information, du message (*Mitteilung*) et de la compréhension *en renonçant radicalement à tout recours à des composantes transcendantales, à tout rapport à un sujet.* Et ceci, parce que le concept du sujet apparaît comme un concept hautement problématique[2]. » Luhmann ajoute, non sans fierté et revendication d'originalité, qu'aucune théorie sociologique contemporaine n'a su éviter la « perspective subjective transcendantale ». Seule la théorie des systèmes aurait reconnu la nécessité d'éviter le concept du sujet et de lui substituer celui de système psychique. Comment, concrètement, s'opère cette substitution qui conduit à l'abandon du paradigme du

▲ 1. Luhmann N., *Soziale Systeme*, Frankfurt-am-Main, Suhrkamp, chapitre I, p. 30-91.
▲ 2. Luhmann N., *Archimedes und wir*, *op. cit.*, 161. Souligné par nous.

sujet, un concept qui ne lui paraissait nullement suspect quelques années auparavant, du moins lorsqu'il écrivait *Vertrauen* ?

Luhmann part de la ferme conviction que le concept d'autopoïèse peut s'appliquer à toutes sortes de systèmes. Le sujet, du moins est-ce ainsi que Luhmann le pense, est un composé de plusieurs systèmes. Les opérations du système psychique ne sont pas réductibles à celles du système digestif pas plus qu'à celles du cerveau. Il en est de même de la communication. Celle-ci ne désigne pas exclusivement l'action d'un sujet humain, ni se réduit à un acte de la conscience humaine. Certes, les opérations d'un système peuvent bien présupposer celles d'un autre, comme les opérations du cerveau rendent possible le fonctionnement du système psychique. Néanmoins, la conscience ne se réduit pas, dans la théorie des systèmes, aux opérations du cerveau. Nul ne soutiendrait que les systèmes sociaux fonctionnent indépendamment des êtres humains. Luhmann non plus. Seulement, l'être humain, n'est plus le sujet de la communication. La communication s'est constituée en un système autonome. Ce ne sont pas les hommes qui communiquent, d'après la théorie des systèmes, mais la communication, en tant que système, qui communique avec elle-même. En tant que système autoréférentiel, la communication est close sur elle-même, mais elle a besoin de la conscience comme environnement. Luhmann écrit à ce sujet : « Ainsi, tous les systèmes de communication sont couplés avec des processus de la conscience. Sans conscience, il n'y a pas de communication. Mais cela ne signifie précisément pas que les processus de la conscience comme tels [...] pourraient être des éléments d'un processus de communication. Le système de communication demeure, en d'autres termes, un système autoréférentiel qui opère en circuit fermé. Le couplage structurel (celui qui existe entre la conscience et la communication) signifie, d'un autre côté et surtout que, le couplage environnemental des systèmes de communication est limité aux systèmes de la conscience et qu'il n'est pas exposé aux influences physiques, chimiques ou biologiques directes (transmises par le biais de la conscience)[1]. »

La communication communique et ne pense pas ; la conscience pense et ne communique pas. Plus clairement : le mode d'opération par lequel la communication advient n'est pas celui par lequel la conscience opère et encore moins celui par lequel la circulation sanguine a lieu. Plus simplement en langage ordinaire, une communication en appelle une autre en réaction à un contenu ; un système psychique opère sur la base de la conscience et dans la mesure où une conscience humaine n'a pas accès direct au contenu d'une autre conscience, elle ne peut que se reproduire en enchaînant des pensées (des informations) les unes aux autres. Les deux systèmes sont donc autonomes et réagissent différemment à leur environnement.

De fait, on le voit bien, la répudiation de la catégorie du sujet émerge de la tentative de replacer l'être humain dans l'environnement de la société pour abandonner la catégorie de la raison du sujet et de ses prétentions, et

▲ 1. Luhmann N., *Die Wissenschaft der Gesellschaft*, Frankfurt-am-Main, Suhrkamp, 1990, p. 281.

pour se dégager d'une vision par trop anthropocentrique de la société et de l'être humain. Ce dernier se compose de deux grands systèmes, du système organique fait de plusieurs sous-systèmes et du système psychique. Autrement dit : du fait qu'il part de la distinction système/environnement, la théorie des systèmes ne connaît pas l'homme dans son entier, mais un ensemble de systèmes autonomes qui opèrent d'après leur mode propre. Il apparaît donc ici que le rejet du concept du sujet ou de la catégorie « homme » résulte tout simplement des réquisits épistémologiques même de la théorie des systèmes et ne se présente nullement comme une décision « métaphysique » ou, du moins, une déconstruction de la métaphysique[1].

Telles sont les raisons pour lesquelles, dans une perspective systémique à la Luhmann, l'homme ne peut être considéré comme sujet ; ce qui impose à la catégorie homme une différenciation en des systèmes distincts. Cette perspective autoréférentielle manquait encore dans *Vertrauen*, resté dans le paradigme de la subjectivité et dont le vocabulaire, comme on le verra, restait encore dans la tradition de la sociologie classique, même si le vocabulaire de la théorie des systèmes y était déjà en place ; même si on y retrouve déjà des concepts comme système/environnement, réduction de la complexité, ou fonction.

III

Vertrauen précédait le rejet du concept du sujet. Luhmann y parlait encore de personnes, d'individus, de présentation de soi. La conceptualisation, certes, se démarquait déjà quelque peu de celle de Parsons. Ce n'était plus une théorie structuro-fonctionnaliste. Le poids s'était déplacé vers les fonctions et ne laissait aux structures « dynamisées » qu'une place secondaire. Seulement, dans l'ensemble, nous sommes encore dans un autre univers du discours.

Malgré cela, *Vertrauen* laissait apparaître déjà un des plus importants motifs qu'elle a en commun avec *Soziale Systeme* : le souci d'élaborer une théorie générale que l'on peut appliquer à la confiance, partout où elle se manifeste, et que l'on peut mettre en relation avec ce que *Soziale Systeme* allait conceptualiser plus tard sous la catégorie, beaucoup plus transcendantale, de la *double contingence*[2]. Luhmann y montre en quoi la confiance, tout comme la méfiance d'ailleurs, sont indispensables à toute action humaine, puisqu'elles stabilisent l'horizon de nos attentes, en réduisant la complexité du monde à un nombre de variables plus ou maîtrisables par l'esprit humain. *Vertrauen* n'est qu'un moyen, non seulement celui dont les êtres humains ont besoin tous les jours, mais celui dont a besoin aussi le théoricien en sociologie, à la recherche d'une pensée plus achevée, pour

▲ 1. Luhmann N., *Einführung in die Systemtheorie*, Darmstadt, Carl-Auer-Systeme-Verlag, 2003, p. 256 et s. Luhmann donne une très intéressante justification à son rejet de l'humanisme. Lire également Kneer G. et Nassehi A., *Niklas Luhmanns Theorie sozialer Systeme*, Munich, Wilhelm Fink, 1997, p. 65-79.

▲ 2. Luhmann N., *Soziale Systeme*, *op. cit.*, p. 179-187.

élaborer sa propre théorie, en tester les concepts. L'ouvrage accomplissait en miniature ce qui allait s'écrire en grand dans *Soziale Systeme*. Dans les deux cas, Luhmann partait d'un diagnostic négatif et déplorait le manque d'ambition théorique en sociologie. Il ne s'agit pas de n'importe quelle théorie, mais d'une théorie générale et unifiée de la discipline, capable de tout expliquer à l'aide de la distinction système/environnement.

Même en tant que terrain d'application, *Vertrauen* se voulait une théorie générale des systèmes en cours d'élaboration. Luhmann le dit sans ambiguïté dans la préface : les réflexions sur la confiance sont censées contribuer *à la formation de la théorie sociologique* ; il est permis d'ajouter comme la *Légitimation par la procédure* et comme les premiers écrits sur les droits fondamentaux quelques années plus tôt (et qui, au fond, sont plutôt une déconstruction radicale des interprétations habituelles des droits humains). Ce qui fait de la confiance une tentative, *encore partiellement* située dans une pensée classique de la sociologie se référant encore à la philosophie du sujet ; mais il contenait déjà des ingrédients conceptuels significativement nombreux de la théorie des systèmes.

Certes, Luhmann congédiera plus tard le sujet. Il fera de sa théorie sociologique une critique de l'héritage des Modernes. Le motif d'une théorie unique apparaîtra comme une réponse à la crise dans laquelle, selon lui, baignait la théorie sociologique, mais les problèmes d'application que Luhmann choisira désormais seront légèrement différents : le droit, la production scientifique, l'art, l'éducation, la religion, tous des structures plus ou moins formelles et comme un leitmotiv, ils se complètent tous par « de la société ». Nous n'avons pas seulement le *Droit de la société,* la *Science de la société, L'art de la société, Le système éducatif de la société* mais encore, comme pour indiquer le point d'accomplissement de l'œuvre de sa vie, ou mieux encore « en boucler la boucle », Luhmann a publié de son vivant (et non pas de façon posthume) une œuvre que l'on peut concevoir comme la clôture de sa pensée : *Die Gesellschaft der Gesellschaft* (1997) (*La Société de la société*).

IV

> « L'homme a, en de nombreuses situations, le choix d'accorder ou non sa confiance sur certains points de vue. Mais, s'il ne faisait pas confiance de manière courante, il n'arriverait même pas à quitter son lit le matin. »

C'est avec cette réflexion que Luhmann débute son ouvrage sur la confiance. Plus qu'une simple réflexion, elle s'apparente à une boutade qui annonce, d'ores et déjà, la façon dont il entend aborder la question. Ce qu'il cherche, avant tout, c'est une méthode qui offre le plus de fécondité possible, c'est-à-dire, une méthode qui dépasse les perspectives partielles et existentielles des médecins, des psychologues et d'autres penseurs, surtout littéraires et philosophes, pour s'établir comme une théorie générale de la confiance. Luhmann identifie cette méthode au fonctionnalisme qui

« s'interroge sur la conservation de la stabilité des systèmes d'action [...] », aborde la question de « l'identité dans le monde réel. La stabilité de même que l'identité ne sont ainsi plus conçues comme une relation entre des grandeurs variables entre le système et l'environnement ». Seul le fonctionnalisme est à même de faire apparaître la complexité sociale qui est « le véritable problème de base [...] car, en tant qu'horizon universel de toute expérience humaine, le monde n'est possible comme problème que sous la perspective de la plus extrême complexité ». Mais alors, que faut-il entendre par réduction de la complexité sociale ? En quoi la confiance est-elle capable de réduire cette complexité ?

> « Pour tous les genres de systèmes réels qui existent dans le monde, qu'il s'agisse d'unités physiques ou biologiques, pour les pierres, les plantes ou les bêtes, le monde est trop complexe : il contient plus de possibilités que ce à quoi le système peut réagir tout en se conservant [...] Mais, l'homme est le seul à prendre conscience de la complexité même du monde et, partant, du caractère sélectif de son environnement et d'en faire le problème de base de son autoconservation. »

Plus loin Luhmann ajoute :

> « Au-delà de cette plénitude d'objets objectivement différents et au-delà de la potentialisation de cette diversité grâce à leur changement dans le temps, la complexité du monde s'accroît davantage à travers la dimension sociale qui fait prendre conscience de l'autre homme non seulement en tant que chose, mais comme un autre Je. Cette complexité [...] rend nécessaires de nouveaux mécanismes de réduction de la complexité[1]. »

Face à cette complexité du monde et face à l'expérience d'autrui comme l'autre qui a aussi d'autres plans, l'être humain doit inventer des stratégies et doit « développer des mécanismes plus efficaces de réduction de la complexité » qui permettent à l'esprit humain de pouvoir s'orienter. La confiance est un de ces mécanismes. D'où la thèse de Luhmann d'après laquelle dans la « confiance se trouve être une forme plus efficace de réduction de la complexité ». Tout l'ouvrage tentera d'expliquer en quoi la confiance réduit la complexité sociale, non seulement dans les rapports intimes, mais même au sein des organisations hautement complexes et formelles. Et, en cela, il est plus l'application d'une théorie qu'une analyse de la confiance pour elle-même.

En tant que mécanisme de réduction de la complexité sociale, la confiance est un « investissement risqué ». Elle est risquée parce que nous n'avons aucune garantie que la confiance que nous accordons sera honorée. Face aux autres, à leurs différentes stratégies, mais aussi dans la coopération avec eux, la confiance est indispensable. Qui confierait son enfant à une gardienne pour une soirée sans confiance, notamment sans espérer que celle-ci ne l'empêchera de dormir ? demande Luhmann. Mais rien n'est certain ; car, les enfants maltraités par les gardiennes existent autant que ceux qui ont été dorlotés et qui, même devenus adultes, gardent toujours de leur gardienne un souvenir attachant. L'investissement dans la gardienne est bel

▲ 1. Voir le chapitre I du présent ouvrage.

et bien risqué. La question est de savoir qui pourrait se passer de cet investissement et continuer à vivre, à se permettre des soirées à l'extérieur de chez lui ? La mère qui confie son enfant n'est qu'un exemple parmi d'autres. Luhmann attire l'attention sur des exemples de systèmes plus complexes comme la confiance que les membres du Congrès américain mettent dans le travail des experts. Face au fonctionnement concret de l'administration publique, la complexité est telle que les membres du Congrès ne peuvent agir autrement, sans avoir confiance dans l'intégrité personnelle des fonctionnaires qui maîtrisent les détails. D'où la culture du contrôle qui tend à déterminer à qui ou à quel expert il convient de faire confiance. D'où aussi la vive réaction de la part des parlementaires quand est remarqué un acte de déception de cette confiance.

Ceux qui s'intéressent au thème de la confiance trouveront dans ce livre de Luhmann une théorie très ambitieuse, une théorie qui se veut générale. Ceux qui auraient envie de suivre une étape dans l'élaboration de la théorie luhmannienne des systèmes ou de découvrir ce qui reste encore du fonctionnalisme parsonien, trouveront, dans *Confiance*, une précieuse réflexion. Au lecteur de juger si Luhmann a honoré ses prétentions d'utiliser le thème de la confiance pour tester la portée de la naissance de la théorie des systèmes telle qu'on la connaît aujourd'hui dans sa forme plus achevée.

Lukas K. SOSOE

Luxembourg, juillet 2005

Préface

On doit se demander sérieusement s'il faut conseiller aux sociologues d'utiliser les termes de la langue quotidienne ainsi que les concepts de la représentation éthique traditionnelle du monde. Les avantages et les inconvénients d'une telle transformation de concepts moraux en concepts sociologiques semblent d'abord s'équilibrer, mais ils finissent par se distinguer clairement. En demeurant au niveau de la démolition critique et du dépaysement, du dévoilement des idéologies par une explication causale ou de la révélation des objectifs secondaires cachés, ce sont les inconvénients qui prédominent. L'identité du terme employée est alors utilisée à mauvais escient pour discréditer l'horizon de sens dont il a hérité. Cela est plutôt aisé dans le climat intellectuel présent - peut-être trop facile pour que la sociologie puisse en apprendre quelque chose et se forger sa propre théorie à partir de cette tâche. Si, d'un autre côté, la sociologie parvient à quitter ce niveau et à établir sa propre position intellectuelle de manière positive, c'est-à-dire au moyen d'une théorie qui lui soit propre et à partir de laquelle elle peut engager un dialogue avec la compréhension quotidienne du monde social et son interprétation éthique, alors il se pourrait que les avantages de parler un certain vocabulaire commun l'emportent sur les inconvénients. C'est en ce sens que les réflexions qui suivent autour du concept de confiance aimeraient contribuer à l'élaboration d'une théorie sociologique.

J'ai pu travailler à ce manuscrit à l'unité de recherche sociale de l'Université Münster, à Dortmund. J'ai été surpris de constater à quel point ce que l'on peut affirmer aujourd'hui au sujet de la confiance est encore loin d'avoir été vérifié de manière méthodique. Les discussions de fond avec les docteurs H.-J. Knebel et F. X. Kaufmann ont été pour moi stimulantes à maints égards et m'ont confirmé dans l'idée que ce gouffre entre la théorie et le travail empirique est inévitable, certes, mais qu'il n'est pas insurmontable.

Niklas LUHMANN

Dortmund, hiver 1967-1968

Chapitre I

Le problème de base : la complexité sociale

La confiance au sens le plus large du terme, c'est-à-dire le fait de se fier à ses propres attentes, constitue une donnée élémentaire de la vie en société. Certes, l'homme a, en de nombreuses situations, le choix d'accorder ou non sa confiance à divers égards. Mais, s'il ne faisait pas confiance de manière courante, il n'arriverait même pas à quitter son lit le matin. Une angoisse indéterminée, une répulsion paralysante l'assailliraient. Il ne serait même pas en mesure de formuler une méfiance définie et d'en faire le principe à la base de mesures défensives, car cela serait présupposer qu'il accorde sa confiance à d'autres égards. Tout serait alors possible. Nul ne peut supporter une telle confrontation immédiate avec la plus extrême complexité du monde.

On peut poser ce point de départ comme un fait indéniable en tant que « nature » du monde ou de l'homme et, ce faisant, on affirmerait quelque chose de vrai[1]. C'est de cette manière évidente que l'on fait confiance dans la vie de tous les jours. Cet accorder foi (*Zutrauen*) en ce sens fondamental constitue une composante de l'horizon qui est celui de la vie quotidienne, une caractéristique essentielle du monde, mais non pas l'objet visé (et en cela variable) d'une expérience.

On peut également considérer la nécessité de la confiance comme un fondement véritable et assuré pour la déduction de règles d'un comportement convenable. Si le chaos et l'angoisse paralysante constituent la seule alternative à la confiance, il s'ensuit que l'homme doit, en fonction de son essence, accorder sa confiance, mais non à l'aveuglette et à tous les points de vue[2]. On aboutit de la sorte à des maximes éthiques ou jusnaturalistes, à

▲ 1. On le retrouve partout dans la littérature, malheureusement mince, qui traite spécifiquement de la confiance. Cf. par exemple Diesel E., *Die Macht des Vertrauens*, München, Hermann Rinn Verlag, 1947, p. 21 et s.

▲ 2. Cf. par exemple, Hartmann N., *Ethik*, Berlin, de Gruyter, 1962, p. 468 et s. ; Bauch B., « Das Vertrauen als ethisches Problem », *Die Tatwelt*, 14, 1938, p. 67-74 ; Darmstaedter F., « Recht und Jurist », *Süddeutsche Juristen-Zeitung*, 3, 1948, p. 430-436, spéc. p. 433 ;

des principes qui permettent leur contraire et dont la mise en pratique est si contestée.

Une troisième possibilité est de penser de manière persistante, sous le mode du jeu, l'angoisse d'une existence privée de confiance et de la décrire de manière poétique. On peut ainsi transcender le monde de la vie quotidienne et prendre ses distances par rapport à l'analyse qu'en fait la tradition philosophique. Des psychologues et des médecins[1], et même des penseurs significatifs de l'époque actuelle, ont été fascinés par le regard porté sur cette situation limite. On retire en effet une jouissance pleine d'enseignements de ces représentations étourdissantes. L'enseignement demeure toutefois troublé par l'étourdissement.

La recherche fonctionnelle en psychologie et dans les sciences sociales côtoie, à maints égards, de telles préoccupations existentialo-philosophiques, en particulier par son refus du principe de la substance. C'est pourquoi elle doit apporter le plus grand soin à prendre ses distances par rapport à ces préoccupations[2]. Les analyses fonctionnelles acquièrent leur caractère propre par le genre de perspectives de recherche qui leur est propre et par leurs présupposés théoriques. Ce genre propre étant contesté[3], il doit être démontré dans ses grandes lignes[4] avant de soumettre au questionnement la fonction de la confiance.

Les analyses fonctionnelles ne se fondent pas sur des fondements assurés, sur un savoir attesté, sur des données existantes pour en tirer un savoir dérivé ; elles se mettent plutôt en relation avec les problèmes auxquels elles cherchent à fournir des solutions. Elles ne procèdent ni déductivement ni inductivement, mais plutôt d'une manière heuristique en un sens tout à fait particulier. Ce qui leur sert de levier de problématisation est la question de la conservation de la stabilité des systèmes d'action ou, pour le formuler de manière plus abstraite, la question de l'identité dans le monde réel. La stabilité de même que l'identité ne sont ainsi plus conçues comme un noyau

---

Eichler H., *Die Rechtslehre vom Vertrauen. Privatrechtliche Untersuchungen über den Schutz des Vertrauens*, Tübingen, Mohr, 1950, p. 111 et s. ; Stratenwerth G., *Verantwortung und Gehorsam. Zur strafrechtlichen Wertung hoheitlich gebotenen Handelns*, Tübingen, Mohr, 1958, p. 78 et s. Comme nous le montre cette dernière analyse, une telle argumentation sous la forme d'un « oui, mais » n'a de sens que lorsqu'il est possible de présupposer un ordre de valeurs valable qui indique le point où le « oui » se transforme en « mais ».

▲ 1. Cf. par exemple Nitschke A., « Angst und Vertrauen », *Die Sammlung*, 7, 1952, p. 175-180.

▲ 2. La dichotomie que posait G. Marcel entre les problèmes et les mystères a pu fournir une orientation préalable, mais elle est toutefois insuffisante. Cf. notamment Marcel G., *Être et Avoir*, Paris, Aubier, 1935, p. 162 et s. Parce qu'elle relie le concept de problème aux problèmes de la production et de l'avoir, elle n'est cependant pas à la hauteur des possibilités d'une phénoménologie transcendantale ni des possibilités de l'analyse fonctionnelle. Le « produire » et l'« avoir » servent ici, au fond, de mots codés pour une relation beaucoup plus abstraite du moi au monde : ils désignent un rapport de variabilité indépendante ou d'invariance relative.

▲ 3. Cf. par exemple chez K. Davis, la tentative pour inclure l'analyse fonctionnelle au sein de l'analyse causale, tentative qui reprend des convictions répandues. Cf. Davis K., « The Myth of Functional Analysis as a Special Method in Sociology and Anthropology », *American Sociological Review*, 24, 1959, p. 757-772.

▲ 4. Pour une analyse plus approfondie, cf. N. Luhmann N., *Soziologische Aufklärung. Aufsätze zur Theorie sozialer Systeme*, Opladen, Westdeutscher Verlag, 1971, p. 9 et s. ; p. 31 et s.

essentiel ni comme une invariance, mais plutôt comme une relation entre des grandeurs variables, entre le système et l'environnement. Dans cette perspective de recherche, les problèmes de même que leurs solutions acquièrent le sens qui leur est propre non pas en vertu d'un noyau essentiel supposé invariable, mais du fait de leur position particulière au sein d'un enchaînement de possibilités différentes ; leur « essence » se définit par les conditions de leur remplacement. Par conséquent, le schème de recherche de l'analyse fonctionnelle est, du point de vue de la méthode, ouvert à toutes les possibilités. Son potentiel face à la complexité semble illimité et nombre de ses caractéristiques particulières indiquent que l'idée fondamentale qui donne cohérence à tous les aspects de la méthode fonctionnelle doit se trouver dans cet accroissement, par rapport à la compréhension quotidienne et traditionnelle du monde, de la capacité à traiter la complexité[1].

Cependant, la complexité n'est pas seulement la motivation secrète, l'aspiration rassembleuse derrière tous les concepts axiologiques de la méthode, elle est en même temps le véritable problème de base de la recherche fonctionnelle, et le dernier à pouvoir être atteint. Car, en tant que tout, en tant qu'horizon universel de toute expérience humaine[2], le monde n'est possible comme problème que sous la perspective de sa plus extrême complexité. Le monde n'est pas un système, puisqu'il n'a aucune frontière. Étant dépourvu d'environnement, il ne peut être menacé. Des modifications radicales dans sa forme d'énergie ne sont elles-mêmes pensables qu'à titre d'événements se déroulant dans le monde. Le monde ne constitue en tant que tel un problème que dans sa relation avec l'identique-dans-le-monde, et cela en raison de sa complexité qui se développe spatio-temporellement, de

▲ 1. Parmi ces caractéristiques particulières, il faudrait nommer les affirmations selon lesquelles : 1) toutes les propositions fonctionnelles ne valent qu'en fonction de systèmes d'action déterminés et qu'il y a un nombre extrêmement élevé de systèmes ; 2) qu'une action peut être attribuée à plusieurs systèmes, donc que les systèmes peuvent s'interpénétrer de manière complexe ; 3) que l'analyse fonctionnelle des systèmes tente de mettre à jour non seulement des fonctions manifestes (des finalités conscientes des actions), mais aussi et expressément des fonctions latentes ; 4) qu'elle tient compte non seulement des conséquences fonctionnelles, mais aussi des conséquences dysfonctionnelles de l'action et qu'elle en fait, à titre de problèmes dérivés, le point de départ d'analyses ultérieures ; 5) qu'elle est une méthode comparative qui rejette la condition préalable d'une comparaison au sein de la vie quotidienne et qui tend à la connaissance précisément dans le fait de démontrer comme étant fonctionnellement équivalentes les choses les plus hétérogènes qui soient sous la perspective d'opérations spécifiques, cela dans la mesure où elle déplace le jugement d'égalité de l'objet vers la fonction. Tout cela pris ensemble montre qu'en son principe l'essentiel pour la méthode fonctionnelle est de dépasser les limites de la perspective de l'action et d'appréhender ainsi une plus grande complexité au moyen de la recherche transintentionnelle.

▲ 2. Au sujet de ce concept phénoménologique de monde, cf. notamment Husserl E., *Erfahrung und Urteil*, Hamburg, Claassen & Goverts, 1948, p. 23 et s. ; *Die Krisis der europaïschen Wissenschaften und die transzendentale Phänomenologie*, Husserliana Bd. VI, Den Haag, Martinus Nijhoff, 1954, p. 105 et s. Et, comme commentaire, Landgrebe L., « The World as a Phenomenological Problem », *Philosophy and Phenomenological Research*, 1, 1940, p. 38-58 ; Brand G., *Welt, Ich und Zeit. Nach unveröffentlichen Manuskripten Edmund Husserls*, Den Haag, Nijhoff, 1955, p. 13 et s. ; Fink E., *Sein, Wahrheit, Welt. Vorfragen zum Problem des Phänomenbegriffs*, Den Haag, Nijhoff, 1958 ; Bednarski J., « La réduction husserlienne », *Revue de métaphysique et de morale*, 1957, p. 419 et s. ; Hohl H., *Lebenswelt und Geschichte. Grundzüge der Spätphilosophie Edmund Husserls*, Freiburg, Karl Alber, 1962.

la quantité innombrable de ses réalités et de ses possibilités qui excluent que l'individu puisse se positionner de manière assurée par rapport au monde.

Le deuxième avantage de prendre la complexité comme problème de base est le fait qu'en vertu de son caractère abstrait et de son rapport étroit au monde, elle transcende la différence entre systèmes psychiques et systèmes sociaux et, partant, celle entre les théories psychologiques et les théories sociologiques. L'expérience de la vie ainsi que la recherche scientifique nous enseignent que la disposition à faire confiance dépend de structures systémiques psychiques, de structures, par exemple, qui peuvent être évaluées par l'échelle F[1]. Il est tout aussi certain qu'une explication psychologique ne suffit pas. En effet, la confiance, d'un point de vue psychologique, est accordée ou non en fonction de raisons complètement différentes[2] et elle est, en chaque cas, une relation sociale qui répond à ses propres lois. La confiance se constitue dans un champ interactionnel qui est influencé tant par des formations systémiques d'ordre psychique que par des formations systémiques d'ordre social et on ne peut l'attribuer ni aux unes ni aux autres à titre exclusif. C'est pourquoi nous devons nous tourner vers un langage théorique plus général utilisant les concepts de système, de fonction et de complexité d'une manière si abstraite qu'ils puissent être interprétés aussi bien de manière psychologique que sociologique. C'est une issue semblable que recherchait Talcott Parsons bien qu'il le faisait en vue d'une théorie d'un autre genre, davantage orientée sur la structure, celle d'un « système général d'action »[3].

Le concept de complexité doit donc être défini de manière très abstraite. Cela peut se faire sur la base d'une différence générale entre système et

▲ 1. Cf. Deutsch M., « Trust, Trustworthiness and the F-Scale », *The Journal of Abnormal and Social Psychology*, 61, 1960, p. 138-140. Au sujet des incertitudes et des difficultés méthodologiques auxquels est déjà confrontée la recherche avec les variables de la personnalité dont le choix est problématique et se fait de manière quasi tautologique, cf. en particulier, Wrightsman L. S., « Personality and Attitudinal Correlates of Trusting and Trustworthy Behaviors in a Two-Person Game », *The Journal of Personality and Social Psychology*, 4, 1966, p. 328-332. [NDT : Introduite par Adorno et un groupe de chercheurs en psychologie, l'échelle F devait mesurer la tendance potentielle au fascisme en se fondant sur les caractéristiques de la personnalité autoritaire. Cf. Adorno T. W., *et al.*, *The Authoritarian Personality*, New York, Harper and Brothers, 1950].

▲ 2. « *A trusting choice may be based upon "despair", "conformity", "impulsivity", "innocence", "virtue", "faith", "masochism", or "confidence"* ». C'est ainsi que M. Deutsch interprète cette multiplicité à l'aide de concepts qui, il est vrai, ne sont pas très raffinés sur le plan scientifique. De toute façon, la psychologie sociale, qui tente constamment de réduire le champ social à des variables individuelles-psychologiques, n'est pas en mesure de rendre compte adéquatement de ce phénomène. Seule une théorie des systèmes sociaux s'ouvre au fait que des systèmes psychiques très différents peuvent opérer de manière fonctionnellement équivalente au sein de systèmes sociaux de telle sorte que ceux-ci peuvent se rendre relativement indépendants des processus d'individualisation psychique. Cf. Deutsch M., « Cooperation and Trust: Some Theoretical Notes », *Nebraska Symposium on Motivation*, 1962, p. 303.

▲ 3. Pour l'exposé le plus récent et pour une confrontation avec le réductionnisme individuel-psychologique de la psychologie sociale, cf. Parsons T., « Some Problems of General Theory in Sociology », *in* McKinney J. C., Tiryakian E. A., eds, *Theoretical Sociology. Perspectives and Developments*, New York, Appleton-Century-Crofts, 1970, p. 27-68.

environnement et en fonction du potentiel d'actualisation des systèmes. Le concept désigne le nombre des possibilités que permet la formation de systèmes[1]. Il implique qu'il est possible de déterminer les conditions de possibilité (et en cela les limites), il implique donc que le monde est constitué et, en même temps, qu'il laisse ouvertes davantage de possibilités que celles qui peuvent devenir réalité et que, en ce sens, il est structuré de manière « ouverte ». Sous un certain angle, cette relation entre monde et système peut être considérée comme une surcharge et être problématisée comme une mise en danger de la stabilité. C'est là le mode de considération propre à la théorie fonctionnaliste des systèmes. Ce même rapport apparaît, dans la perspective opposée, comme la constitution, par la formation de systèmes dans le monde, d'un ordre plus « élevé » d'une complexité moindre et il peut être problématisé en tant qu'opération de sélection. C'est le mode de considération propre à la théorie cybernétique des systèmes.

Pour tous les genres de systèmes réels qui existent dans le monde, qu'il s'agisse d'unités physiques ou biologiques, pour les pierres, les plantes ou les bêtes, le monde est trop complexe : il contient plus de possibilités que ce à quoi le système peut réagir tout en se conservant. Un système se positionne face à un « environnement » constitué de manière sélective et se brise au contact de contradictions qui se produisent entre le monde et l'environnement. Mais l'homme est le seul à prendre conscience de la complexité même du monde et, partant, du caractère sélectif de son environnement et à en faire le problème de base de son auto-conservation. Il peut faire du monde, de simples possibilités, de son non-savoir l'objet d'une conceptualisation et se reconnaître lui-même comme un être qui doit décider. Ces deux choses, la projection du monde et l'identité propre, deviennent toutes deux parties intégrantes de sa propre structure systémique ainsi que des principes de son comportement dans la mesure où il fait l'expérience d'autres hommes qui font une expérience factuelle de ce qui n'est pour lui que possibilité, lui communiquant ainsi le monde, et qui l'identifient en même temps comme objet de telle sorte qu'il peut adopter leur perspective et s'identifier lui-même.

Cette conservation de l'ouverture du monde et l'identification du sens et de l'être-soi dans le monde ne sont donc possibles qu'au moyen d'une toute nouvelle dimension de la complexité : celle de l'ipséité vécue (perçue) et subjectivement comprise de l'autre homme. Ce dernier possède un accès originel au monde, il peut faire une toute autre expérience que la mienne et il peut ainsi m'insécuriser radicalement. Au-delà de cette plénitude d'objets objectivement différents et au-delà de la potentialisation de cette diversité par leur changement dans le temps, la complexité du monde s'accroît davantage à travers la dimension sociale qui fait prendre conscience de l'autre homme non seulement en tant que chose, mais comme un autre Je. Cette complexité supplémentaire rend donc nécessaires de nouveaux mécanismes

▲ 1. Le concept de complexité peut être comparé au concept de matière présent dans la philosophie antique. Mais la « matière » était conçue en fonction de la « forme », alors que le concept de complexité présuppose des systèmes procédant à une réduction sélective.

de réduction de la complexité. Parmi ceux-ci, on retrouve évidemment le langage et la conscience de soi ouverte à la réflexion en tant que mécanismes de généralisation et de sélectivité.

On n'est pas encore parvenu à élaborer une explication philosophique convaincante de ce phénomène de l'*alter ego* au sein d'un monde toujours déjà subjectivement constitué (et qu'il est impossible de se représenter autrement), pas même la phénoménologie transcendantale de Husserl, qui s'est penché de manière fondamentale sur cette question[1]. D'une manière toute autre, les sciences positives partent de l'incommensurabilité principielle des autres hommes (pour autant qu'elles ne les ignorent pas totalement) et elles y voient un problème qui explique les fonctions de certaines opérations de mise en ordre. La tentative de Thomas Hobbes de fonder la nécessité de la domination politique absolue trouve ici sa racine, cela bien qu'il réduise le problème de la complexité à un problème de sécurité, ne laissant ainsi ouverte aucune autre alternative que la domination absolue. La théorie, conçue par Husserl et approfondie par Alfred Schütz, de la typification intersubjectivement concordante des possibilités d'expérience, a pour arrière-fond cette complexité incommensurable qui est impliquée par la présence dans le monde d'un *alter ego*, complexité qui doit être réduite à des types communs. La théorie du système social de Parsons se construit de la même manière sur la base de cette idée fondamentale, cela sous la forme de la thèse de l'ouverture bilatérale, de la « *double contingency* », de toute interaction, laquelle rend nécessaire la création de normes afin que soit assurée la complémentarité des attentes liées aux rôles[2]. La dernière théorie

▲ 1. Cf. en particulier Husserl E., *Ideen zu einer reinen Phänomenologie und phänomenologischen Philosophie*, Bd. II. *Phänomenologische Untersuchungen zur Konstitution*, Husserliana Bd. IV, Den Haag, Nijhoff, 1952, p. 190 et s. ; *Die Krisis der europäischen Wissenschaften und die transzendentale Phänomenologie*, *op. cit.*, p. 185 et s. et p. 415 et s. entre autres. On peut constater les limites de la pensée de Husserl dans son affirmation de la primauté de la subjectivité du moi au sens d'un subjectivisme transcendantal et dans le fait que c'est d'abord sur cette base qu'il cherche à comprendre la constitution de l'autre homme, de la communauté intersubjective d'expérience et du monde en tant qu'il constitue l'horizon de cette dernière. Mais ce point de départ pour la pensée s'exerçant dans le monde ne peut être atteint qu'au moyen d'abstractions conscientes sur le plan de la méthode, que Husserl nomme réductions. Husserl s'empêtre ainsi dans un dilemme semblable à celui que rencontre un fonctionnalisme posé comme absolu, c'est-à-dire l'obligation de poser comme fondement des perspectives isolées arbitrairement. Toutes les tentatives pour se soustraire de ce dilemme sortent de celui-ci pour revenir dans le monde déjà constitué et, de ce fait, ne sont pas à la hauteur du problème de Husserl. Cf. surtout A. Schütz A., *Der sinnhafte Aufbau der sozialen Welt. Eine Einleitung in die verstehende Soziologie*, Frankfurt-am-Main, Suhrkamp, 1984 (1re édition : 1932), p. 186 et s., et une série d'essais ultérieurs réunis dans Schütz A., *Collected Papers*, 3 Bde, Den Haag, Nijhoff, 1962/66 ; et, en outre, pour une critique de la tentative de Husserl, Schütz A., « Das Problem der transzendentalen Intersubjektiviät bei Husserl », *Philosophische Rundschau*, 5, 1957, p. 81-107. Cf. de plus Sartre J.-P., *L'être et le néant*, Paris, Gallimard, 1950, p. 273 et s. ; Merleau-Ponty M., *Phénoménologie de la perception*, Paris, Gallimard, 1945, p. 398 et s. ; Hocking W. E., « Marcel and the Ground Issues of Metaphysics », *Philosophy and Phenomenological Research*, 14, 1953/1954, p. 439-469, p. 451 et s. ; Landgrebe L., « The World as a Phenomenological Problem », art. cité ; Theunissen M., *Der Andere: Studien zur Sozialontologie der Gegenwart*, Berlin, de Gruyter, 1965.

▲ 2. Pour une formulation particulièrement éclairante, cf. Parsons T., Shils E. A., eds, *Toward a General Theory of Action*, Cambridge, Mas., Harvard University Press, 1951, p. 16 ; cf. en

de l'organisation dans le domaine des sciences économiques tente de rendre compte de ce phénomène et va ainsi au-delà des préoccupations utilitaristes liées à une combinaison de fonctions utilitaires purement individuelles[1]. Nous pouvons ramasser toutes ces idées en une seule formule : confronté à une complexité accrue, l'homme peut et doit développer des formes plus efficaces de réduction de la complexité.

Cela ne doit pas être compris comme si, historiquement, l'un précédait l'autre, comme si l'un était la cause ou le motif de l'autre[2]. Du point de vue causal, les deux ne sont possibles qu'ensemble, se déterminant mutuellement et agissant l'un sur l'autre. Le fait de décomposer fonctionnellement cet événement unitaire en un aspect problématique (l'accroissement de la complexité) et en un aspect de résolution (la réduction de la complexité) ne sert que de schéma permettant de comparer un plus grand nombre de possibilités de solutions. Enfin, l'accroissement et la réduction de la complexité appartiennent toutes deux, en tant qu'aspects complémentaires, à la structure du comportement humain à l'égard du monde. Au moyen d'un léger déplacement conceptuel, on peut également affirmer qu'avec ses deux aspects que sont une complexité additionnelle et les nouvelles possibilités d'absorption de la complexité, la dimension sociale de l'expérience humaine accroît le potentiel de l'homme face à la complexité et, de ce fait, élargit le

---

outre, Parsons T., *The Social System*, Glencoe, Ill., Free Press, 1951, p. 10 et s. Et, à ce sujet, Gouldner A. W., « Reciprocity and Autonomy in Functional Theory », *in* Gross L., ed., *Symposium on Sociological Theory*, Evanston, Ill., Row, Peterson, 1959, p. 241-270 et Gouldner A. W., « The Norm of Reciprocity: A Preliminary Statement », *American Sociological Review*, 25, 1960, p. 161-178.

▲ 1. Cela vaut d'une part pour la pensée de Simon, qui tente de comprendre la fonction de l'organisation de processus décisionnels à partir de l'insuffisance de la capacité rationnelle de l'homme - et il s'agit d'une version inversée du problème de la complexité. Cf. en particulier Simon H. A., *Das Verwaltungshandeln. Eine Untersuchung der Entscheidungsvorgänge in Behörden und privaten Unternehmen*, Stuttgart, Kohlhammer, 1955 et *Models of Man, Social and Rational: Mathematical Essays on Rational Human Behavior in a Social Setting*, New York-London, Wiley, 1957. Cela vaut en outre pour les efforts, stimulés par la théorie des jeux, autour d'une théorie de l'organisation qui aborde le problème de l'« indétermination rationnelle » de toutes les situations dans lesquelles sont impliqués plusieurs êtres humains - cf. par exemple, von Neumann J., Morgenstern O., *Spieltheorie und wirtschaftliches Verhalten*, Würzburg, Physica-Verlag, 1961, p. 9 et s. ; Marschak J., « Towards an Economic Theory of Organization and Information », *in* Thrall R. M., Coombs C. H., Davis R. L., eds, *Decision Processes*, New York-London Wiley, 1954, p. 187-220 et Marschak J., « Elements for a Theory of Teams », *Management Science*, 1, 1955, p. 127-137 et, à titre de commentaire, Gäfgen G., *Theorie der wirtschaftlichen Entscheidung. Untersuchungen zur Logik und ökonomischen Bedeutung des rationalen Handelns*, Tübingen, Mohr, 1963, p. 176 et s. Et, du même auteur, « Zur Theorie kollektiver Entscheidungen in der Wirtschaft », *Jahrbücher für Nationalökonomie und Statistik*, 173, 1961, p. 1-49. H. Garfinkel s'oriente lui aussi sur le cas paradigmatique du jeu à l'appui de sa thèse générale selon laquelle, derrière toute expérience « normale », se trouve la confiance dans le fait que les autres hommes respectent un ordre commun d'attentes constitutives. Cf. Garfinkel H., « A Conception of, and Experiments with, "Trust" as a Condition of Stable Concerted Actions », *in* Harvey O. J., ed., *Motivation and Social Interaction: Cognitive Determinants*, New York Ronald Press, 1963, p. 187-238.

▲ 2. Les théories du contrat du début de la Modernité employaient, elles aussi, la représentation historique ou utopique uniquement comme couverture pour une affirmation fonctionnelle.

monde humain. L'existence d'un *alter ego* transforme l'environnement de l'homme en un monde de l'humanité[1].

Il est exclu, dans les cadres de cette étude, que nous suivions ce point de départ, ne serait-ce qu'en quelques-unes de ses conséquences les plus importantes. Il définit cependant le problème de base en regard duquel la confiance peut être analysée fonctionnellement et comparée à d'autres mécanismes sociaux fonctionnellement équivalents. Là où il y a confiance, il existe davantage de possibilités d'expérience et d'action, la complexité du système social s'accroît et, donc, le nombre de possibilités que celui-ci peut réconcilier par sa structure, puisque réside dans la confiance une forme plus efficace de réduction de la complexité. C'est sur cette base que nous tenterons, dans ce qui suit, d'analyser la confiance. Une comparaison supposerait des travaux préparatoires relatifs à d'autres mécanismes, tels que le droit et l'organisation, et ne peut donc pas être conduite dans le cadre d'une seule monographie. Mises à part les quelques indications que nous donnerons à l'occasion à propos de cette comparaison, il nous faut nous contenter d'analyser le phénomène de la confiance de manière à ce qu'il puisse être comparé à d'autres mécanismes.

▲ 1. Cf. à ce sujet Plessner H., *Conditio Humana*, Pfullingen, Neske, 1964, p. 41 et s. et, à titre de contraste, Cazeneuve J., « La connaissance d'autrui dans les sociétés archaïques », *Cahiers Internationaux de Sociologie*, 25, 1958, p. 75-99.

Chapitre II

États et événements

Un coup d'œil rapide sur le thème de la confiance suffit pour y dévoiler une relation problématique au temps. Celui qui fait confiance anticipe l'avenir. Il agit comme s'il était certain de l'avenir. On pourrait penser qu'il transcende le temps, du moins les différences temporelles. Peut-être est-ce là la raison pour laquelle l'éthique, en vertu d'un préjugé implicite à l'égard du temps, a perçu la confiance comme une attitude par laquelle on cherche à se rendre indépendant du flux temporel et, ainsi, à se rapprocher de l'éternité. Mais la représentation du temps qui pouvait être au fondement d'un tel jugement a toujours été insuffisante, tout comme ce jugement lui-même. Le temps ne peut être pensé comme un flux, comme un mouvement, ni comme la mesure du mouvement. Dans le concept de mouvement, le concept de temps est en effet déjà implicitement présupposé.

La distinction, courante en sociologie, entre structure et processus, ne nous est pas plus utile. Nonobstant ses insuffisances manifestes – le fait qu'elle ne puisse saisir ni la possibilité que les structures se modifient ni le caractère structurel des processus –, cette distinction utilise des concepts réifiants de quelque chose qui demeure et de quelque chose qui s'écoule, dans la mise en opposition desquels l'essence du temps demeure cachée. Nous hésiterions à identifier la confiance soit à une structure soit à un processus et cela montre déjà les limites de cette distinction ainsi que l'insuffisance de la théorie sociologique dominante lorsqu'il est question de la confiance ; cela nous démontre finalement la proximité de ce thème à l'égard d'un concept de temps qui n'a pas encore été saisi.

Une théorie de la confiance présuppose une théorie du temps. Cette présupposition conduit en un domaine obscur et difficile où nous ne pouvons nous engager ici. Les plus récentes réflexions dans la théorie des systèmes nous offrent tout de même certains points d'appui. Elles concernent le rapport entre les différenciations système/environnement et la temporalité.

Dès que des systèmes forment par auto-différenciation (*Ausdifferenzierung*) des frontières par rapport à leur environnement, le problème du temps surgit ; cela signifie d'abord que les processus qui maintiennent l'auto-différenciation sont déplacés à l'intérieur d'une succession. Ce ne sont pas, en effet, toutes les relations entre le système et l'environnement qui peuvent être l'objet de corrélations point pour point. Le maintien de la différence exige plutôt, du moins dans le cas des systèmes plus complexes, des moyens détournés qui nécessitent du temps. Le système peut ne pas réagir du tout aux événements de l'environnement ; il peut le faire plus tard ou de manière anticipée ; il ne réagit sur-le-champ que dans une très faible mesure. C'est sur cela que Talcott Parsons fonde son célèbre schéma quadripartite des problèmes systémiques, schéma élaboré par la mise en opposition de la différence entre système et environnement et de celle entre exécution présente et exécution future[1]. Parsons n'utilise cette idée qu'en fonction d'une théorie de la différenciation systémique. Sa signification a pourtant une portée beaucoup plus grande pour la constitution de la temporalité elle-même et pour les problèmes de la généralisation structurelle intrasystémique.

Si cette inférence est valable, il y va dans la temporalité d'une co-existence, déclenchée par l'auto-différenciation, du changement et du non-changement. On retrouve ce phénomène dans tous les systèmes de sens propres à l'expérience et à l'action humaines et il détermine, ici également, les exigences liées à la généralisation structurelle.

L'expérience de la durée en dépit du changement dans les impressions, à titre de donnée ultime atteinte par la réflexion, se trouve au fondement de toute expérience humaine du temps[2]. Indépendamment de ce qu'elle peut être[3], cette donnée offre à l'interprétation deux points de départs opposés : la durée et le changement. À partir de cette donnée se forme, par un processus de constitution intersubjective, le « temps objectif » en tant que continuum de moments identiques pour tous les humains, continuum dans lequel quelque chose peut durer ou changer, mais qui, en lui-même, est neutre par rapport à cette différence. Le paradoxe dans cette différence est masqué par le concept de temps, mais il se maintient en tant qu'opposition entre deux modes mutuellement exclusifs d'identification dans le temps.

En effet, quelque chose peut être identifié *d'une part* comme un *événement* qui est fixé à un moment, cela indépendamment de l'expérience présente qui progresse sur l'échelle des moments, conduisant sans cesse

▲ 1. Pour la formulation la plus claire à ce jour, cf. Parsons T., « Some Problems of General Theory in Sociology », art. cité, p. 27-68, p. 30 et s. On retrouve déjà des formulations semblables à propos des systèmes psychiques chez Piaget J., *Die Bildung des Zeitbegriffs beim Kinde*, Zürich, Rascher, 1955, p. 275 et s.

▲ 2. Bergson et Husserl ont introduit les recherches sur un concept de temps plus originaire que le temps quotidien ou scientifique. Cf. Bergson H., *Essai sur les données immédiates de la conscience*, Paris, Alcan, 1889 et Husserl E., « Vorlesungen zur Phänomenologie des inneren Zeitbewußtseins », *in* Heidegger M., Hrsg., *Jahrbuch für Philosophie und phänomenologische Forschung*, 9, 1928, p. 367-496.

▲ 3. Bergson et Husserl appellent déjà « temps » cette donnée. Mais Husserl admettra tout de même plus tard : « En son fond, le temps originaire n'est pas encore à vrai dire le temps » (Manuscript C 7 1, cité d'après Brand G., *Welt, Ich und Zeit. Nach unveröffentlichen Manuskripten Edmund Husserls*, Den Haag, Nijhoff, 1955, p. 96).

d'un moment à l'autre de l'avenir vers le passé. L'événement possède donc son identité liée au moment, indépendamment de sa qualification en tant qu'avenir, présent ou passé, et le sens de cette identité est précisément cette invariance par rapport au changement dans les qualités temporelles. L'événement a toutefois besoin de ce changement pour devenir réalité dans le présent, pour advenir comme événement (*um sich ereignen zu können*).

Quelque chose peut *d'autre part* être identifié comme un *état* qui dure indépendamment du fait que les moments changent. Seul le présent continuellement actuel possède une telle durée ; tout avenir advient et tout passé fuit. Les états ne peuvent donc être identifiés qu'en tant que présents. Dans l'avenir ou le passé, ils peuvent toutefois être saisis comme des séries d'événements et devenir des états sous la forme dérivée d'attentes continuellement présentes ou de souvenirs continuellement présents[1]. C'est donc à juste titre que l'Antiquité n'a pu se représenter l'état éternel qu'en tant que présent alors que la compréhension actuelle, qui s'oriente sur l'identité des moments et qui doit ainsi se représenter le présent comme étant en mouvement, a plutôt tendance à concevoir l'éternité comme l'ensemble des événements du monde, comme une *creatio continua*, et donc à considérer le temps comme une historiographie (*Historie*) des événements.

Ces deux perspectives s'excluent mutuellement, puisque chacune d'elles, pour acquérir son propre principe d'identité, pose comme constant à titre de principe d'identité ce que l'autre doit poser comme variable. Elles ne peuvent donc être utilisées simultanément. Mais c'est précisément par cette exclusion que ces deux formes d'identification s'établissent également comme des négations complémentaires. La variation en tant que telle est incompréhensible si l'on ne peut présupposer des identités par rapport auxquelles quelque chose se modifie. Ces deux formes d'identification nient (et rendent ainsi compréhensible) ce qui toujours se modifie en l'autre. Elles mettent ainsi en lumière ce que signifie le temps pour l'autre type d'identité : l'identité des événements constitue ce en quoi réside la problématique temporelle des états, notamment la progression du présent en tant que moment chaque fois actuel qui ne peut conserver avec lui ses états, mais qui doit, au contraire, se préoccuper de sa conservation et de son renouvellement ; l'identité des états constitue ce en quoi réside la problématique temporelle des événements, notamment leur fuite sans permanence de l'avenir dans le passé et leur alliance contingente et fortuite avec les états.

▲ 1. Dans le cadre de l'attitude scientifique objectiviste actuelle, ce caractère de présence nécessaire propre à tous les états n'est pas saisie adéquatement. Cela n'est donc pas un hasard si des penseurs quelque peu conséquents ne peuvent se représenter les états en général qu'en tant que sommes d'événements identiques. C'est ce que signifie, par exemple, le concept *event-structure*. Cf. son utilisation chez Dewey J., *Experience and Nature*, Chicago, London, Open Court Publishing Company, 1925, p. 72, chez Allport F. H., *Theories of Perception and the Concept of Structure*, New York-Londres, Wiley , 1955, p. 614 et s. ou encore chez Nadel S. F., *The Theory of Social Structure*, Glencoe, Ill., Free Press, 1957, p. 127 et s. Pour la théorie de la confiance, l'inévitable rapport au présent de toute certitude par rapport à des états constitue au contraire une idée essentielle sans laquelle le problème du temps propre à la confiance ne peut être conceptualisé.

La contradiction entre ces modes d'identification ne permet pas de conclure en retour à une prétendue « irréalité » du temps[1]. Une telle conclusion serait particulièrement infructueuse et trompeuse si l'on posait au départ un concept de réalité faisant déjà abstraction de la temporalité. La confiance ne se rapporte nullement à un problème posé de manière aussi irréelle. La temporalité se constitue plutôt comme cette double possibilité de négation qui est aussi réelle en tant que possibilité qu'en tant que négation et qui, notamment, oriente d'une manière réelle et avec une capacité opérationnelle vérifiable[2]. C'est précisément cette double négation de ce qui chaque fois varie en l'autre qui produit un schéma complet du temps qui se soustrait de lui-même à la compréhension. Le concept antique du temps, lié au présent, est insuffisant à cet égard, tout comme d'ailleurs le concept moderne, lié, pour sa part, au moment. À l'aide de ces concepts de temps liés à l'une ou à l'autre de ces deux perspectives, on obtient simplement un schéma pour la problématisation des états ou des événements, schéma que l'on doit corriger au moyen d'une pensée du temps fondée sur la perspective opposée.

Ces brèves réflexions auront eu à tout le moins le mérite de clarifier le fait que la confiance ne peut être conçue simplement comme étant le fait de « transcender le temps ». De plus, aucune de ces deux perspectives sur le temps en tant que forme dominante du traitement de l'expérience n'exclut la création de la confiance. Il serait en effet très hasardeux d'affirmer que l'expérience antique du temps - parce qu'elle pouvait saisir les états en général en tant que présent actuellement durable et non simplement comme une série d'événements - offrait en pratique de plus grands appuis que la nôtre pour la création de la confiance. Nous pouvons cependant tirer de notre analyse cette idée importante selon laquelle la certitude relativement aux états, c'est-à-dire la certitude en général, n'est possible que dans le présent et qu'elle ne peut donc être garantie qu'en celui-ci[3]. Cela vaut également pour la confiance en tant que forme de la certitude. La confiance ne peut se gagner et se conserver que dans le présent. L'avenir, dans son incertitude, ne peut susciter la confiance pas plus que le passé, puisque ce qui est passé ne peut être garanti contre la possibilité de la découverte future d'un autre passé. Ce rapport de la confiance au présent ne peut être conceptualisé ni explicité dans ses conséquences si l'on comprend le présent d'après le

▲ 1. Une telle conception a été largement discutée à partir de McTaggart J. E., « The Unreality of Time », *Mind*, 17, 1908, p. 457-474, repris *in Philosophical Studies*, London, E. Arnold, 1934. Pour une prise de position plus récente, cf. Gale R. M., *The Language of Time*, London, Routledge and Kegan Paul, 1968. Le lecteur y trouvera des références additionnelles. Cette discussion repose sur un problème construit de manière incomplète, notamment la simple différence entre une conception du temps qui prend en compte un mouvement de positions du passé vers l'avenir en passant par le présent et une conception qui n'a en vue qu'une séquence irréversible. La discussion autour de cette conception n'a donc pu se sortir des difficultés que comporte l'interprétation de cette différence.

▲ 2. On trouvera un certain nombre de remarques sur la fonction des négations dans Habermas J., Luhmann N., *Theorie der Gesellschaft oder Sozialtechnologie ?*, Frankfurt-am-Main, Suhrkamp, 1971, p. 35 et s.

▲ 3. Cf. à ce sujet l'ouvrage bref mais pertinent de Mead G. H., *The Philosophy of the Act*, Chicago, The University of Chicago press, 1938, p. 175.

modèle d'un événement lié à un instant comme simple moment, comme un instant dans lequel un événement advient. Le fondement de toute confiance est plutôt le présent en tant que continuum durable à travers le changement des événements, en tant qu'ensemble des états sur la base desquels des événements peuvent advenir.

Le problème de la confiance réside notamment dans le fait que l'avenir contient un nombre beaucoup plus élevé de possibilités que celles qui peuvent être actualisées dans le présent et qui, de ce fait, peuvent être transférées dans le passé. L'incertitude à propos de ce qui arrivera n'est qu'un problème secondaire dérivé du fait très élémentaire selon lequel ce n'est pas tout l'avenir qui peut devenir présent ni, par conséquent, passé. L'avenir surcharge le potentiel de présentification de l'être humain. Et pourtant l'humain doit vivre dans le présent avec un avenir toujours hypercomplexe. Il doit donc constamment découper son futur à l'aune de son présent, c'est-à-dire réduire la complexité.

La distinction entre *avenir présent* et *présent à venir* nous permettra de poser le problème de manière plus précise[1]. Tout présent possède son propre avenir comme horizon ouvert de possibilités futures. Il se re-présente (*vergegenwärtigt*) un avenir dont seule la partie qui a été sélectionnée pourra dans l'avenir devenir le présent. En progressant dans l'avenir, le présent produit, par une sélection parmi ces possibilités, de nouveaux présents et, simultanément, de nouveaux horizons d'avenir pour ces présents. Le présent produit des états dans la mesure où ses présents présents et ses présents à venir demeurent identiques ; il produit des événements dans la mesure où il génère des discontinuités. Dès que l'expérience nous fait prendre conscience de cette différence entre l'avenir présent et les présents à venir, surgissent à la fois, avec la possibilité d'une sélection consciente, de l'incertitude et un besoin de certitude à l'égard des relations entre les présents présents et les présents à venir, relations qui peuvent sembler menaçantes dans l'avenir présent.

Ces demandes ne peuvent être remises à plus tard. Des opérations correspondant à celles-ci sont constamment exigées de l'être humain au sein du présent qui dure. La confiance est l'une des possibilités permettant de s'en acquitter. Voilà pourquoi la création de la confiance et sa garantie sont préoccupées par l'horizon d'avenir du présent chaque fois présent. Elles tentent de se re-présenter l'avenir et non pas, par exemple, de réaliser des présents à venir. Toutes les planifications et tous les calculs préalables des présents à venir, toutes les orientations indirectes, transmises sur une longue période et conçues de manière détournée demeurent problématiques dans la perspective de la confiance et elles ont besoin de se rapporter à un

▲ 1. La non contemporanéité de ces deux déterminations temporelles est du point de vue logique une condition préalable de la possibilité de sélections. Malgré cela, elle demeure normalement impensée dans l'expérience du temps et elle est explicitement niée dans la nouvelle logique des propositions temporelles. Cf. par exemple Prior A. N., *Time and Modality*, Oxford, Clarendon Press, 1957, p. 10 et *Papers on Time and Tense*, Oxford, Clarendon Press, 1968, p. 8 ; Rescher N., « Truth and Necessity in Temporal Perspective », *in* Gale R. M., ed., *The Philosophy of Time*, London, MacMillan, 1968, p. 214.

présent dans lequel elles doivent s'arrimer. La croissance de la complexité de telles planifications rend nécessaire dans la même proportion un report des satisfactions et des décisions, car leur planification temporelle et les échéances qui leur sont propres n'offrent aucun équivalent de la certitude. C'est la raison pour laquelle avec l'accroissement de la complexité s'accroît également le besoin d'une réassurance par rapport au présent, le besoin de confiance par exemple. Cet état de faits peut être expliqué avec l'aide de la distinction entre variables instrumentales et variables expressives, distinction qui est issue de la recherche sur les micro-groupes et qui gagne en importance dans la nouvelle théorie sociologique des systèmes[1].

Un problème de temporalité[2] est présupposé dans cette distinction dont les fondements n'ont pas encore été mis au jour[3]. Alors que les orientations instrumentales se rapportent à des fins, donc aux effets attendus dans l'avenir, le contenu expressif des expériences sert à la stabilisation du présent dans la certitude relativement à ses états, la certitude non pas d'un présent événementiel, surgissant momentanément, mais celle d'un présent

▲1. Cf. entre autres, Bales R. F., *Interaction Process Analysis: A Method for the Study of Small Groups*, Cambridge, Mass., Addison-Wesley Press, 1951 ; Parsons T., Bales R. F., Shils E. A., *Working Papers in the Sociology of Action*, Glencoe, Ill., Free Press, 1953 ; Parsons T., Bales R. F., *Family, Socialization and Interaction Process*, Glencoe, Ill., Free Press, 1953 ; Slater P. E., « Role Differentiation in Small Groups », *American Sociological Review*, 20, 1959, p. 300-310 ; Thibaut J. W., Kelley H. H., *The Social Psychology of Groups*, New York, Wiley, 1959, p. 278 et s. ; Marcus Ph. M., « Expressive and Instrumental Groups », *American Journal of Sociology*, 66, 1960, p. 54-59 ; Etzioni A., *A Comparative Analysis of Complex Organizations: On Power, Involvement, and Their Correlates*, New York, Free Press, 1961, p. 91 et s. et *passim* ; et, du même auteur, « Dual Leadership in Complex Organizations », *American Sociological Review*, 30, 1965, p. 688-698. Cf. de plus la distinction, empruntée à Durkheim, entre les variables instrumentales et les variables consumatoires d'un problème à l'aide de laquelle Parsons construit l'axe temporel de sa théorie du système d'action ; cf. à cet effet Parsons T., « General Theory in Sociology », *in* Merton R. K., Broom L., Cottrell L. S. Jr., eds, *Sociology Today*, New York, Basic Books, 1959, p. 5 et s.

▲2. Il est particulièrement regrettable que la recherche sur les petits groupes conçoive la satisfaction des besoins socio-émotionnels des membres du groupe au moyen d'un agir expressif comme un problème *interne* et conçoive, à l'opposé, l'atteinte de finalités et tout ce qui est nécessaire à cet effet comme un problème *externe*, confondant ainsi l'opposition entre variables expressives et variables instrumentales avec la différence interne/externe, constitutive du système. On présuppose par là implicitement qu'un groupe se compose de personnes avec l'ensemble de leurs besoins personnels concrets et non pas de rôles, une conception que la sociologie a depuis longtemps rejetée comme intenable. En se fondant sur la théorie sociologique des systèmes, on ne peut s'empêcher de considérer la satisfaction des besoins socio-émotionnels des membres d'un groupe comme étant également un problème systémique externe. La distinction et la séparation entre les aspects, les actions ou les rôles expressifs et instrumentaux apparaissent alors comme une différentiation pleinement signifiante du style avec lequel un système se comporte par rapport à différents environnements, notamment par rapport, d'une part, à ses membres et, d'autre part, aux non-membres.

▲3. C'est aussi en principe la position de Parsons. Cf. par exemple Parsons T., « The Point of View of the Author », *in* Black M., ed., *The Social Theories of Talcott Parsons. A Critical Examination*, Englewood Cliffs, N. J., Prentice Hall, 1961, p. 324 ; « Some Problems of General Theory in Sociology », *in* McKinney J. C., Tiryakian E. A., eds, *Theoretical Sociology. Perspectives and Developments*, New York, Appleton-Century-Crofts, 1970, p. 31 et s.

qui se constitue, avec l'aide de son propre horizon temporel d'avenir et de passé, en tant que base durable d'événements changeants[1].

Le fait d'accorder la primauté aux orientations spécifiquement instrumentales au détriment du présent est une condition de l'accroissement rationnel des opérations. Mais, comme cela a été largement démontré en sociologie de l'industrie, cela fait en sorte que le présent subit une perte de sens avec des besoins plus pressants en matière de variables expressives. La conception dominante dans la théorie et la pratique considère cette pression comme un problème et y voit, par conséquent, l'exigence d'une planification, d'une instrumentalisation et d'une sécurisation organisationnelle des expressions liées à une finalité[2]. Cela conduit à la tentative de s'extirper par la force de l'inévitable contemporanéité de la vie humaine commune, de projeter dans l'avenir le présent de l'autre et, ainsi, de gagner du temps afin de planifier ce présent et de l'influencer par la manipulation sélective des présentations. Mais tous les hommes vivent et vieillissent ensemble dans une durée continuellement présente et commune[3]. Celui qui veut manipuler le présent des autres devrait être en mesure de s'y soustraire lui-même et de se réfugier dans un autre temps. Comme cela n'est pas possible, toute manipulation court le risque de se manifester dans son propre présent, de devenir, donc, une expression et ainsi de se dévoiler en tant que manipulation et ainsi de trahir ses intentions. Certes, on peut prévenir cela par la différenciation sociale, par des séparations de rôles, par des limites posées à la communication et par un contrôle de l'information, bref au moyen de l'organisation sociale. Mais cela n'aboutit qu'à universaliser le soupçon qu'il y a manipulation et à le rendre indépendant de confirmations ou de réfutations qui pourraient se produire dans des cas particuliers. La confiance ne se conserve que si elle trouve une forme sous laquelle elle peut cohabiter avec le soupçon et s'immuniser contre lui[4].

Ce dilemme entre l'instrumentalité et l'expressivité ou encore entre le contrôle des événements à venir et la certitude présente relativement à des états – dilemme qui devient plus profond à mesure que s'accroît la complexité des relations – acquiert des contours plus marqués si nous le met-

▲ 1. Pour la théorie dominante sur le temps, il est caractéristique que Parsons n'arrive à saisir la relation au présent du comportement expressif qu'en tant que « consommation », donc comme événement et qu'il emploie indistinctement les dichotomies instrumental/expressif et instrumental/consumatoire.

▲ 2. En constituent des exemples les théories de la direction duale qui sont traitées dans les ouvrages mentionnés p. 14, n. 1 et, au sens large, toutes les tentatives du mouvement *human relations* en vue de mettre au service des fins de l'organisation les processus créateurs de sentiments au sein des groupes. Les écrits d'E. Goffman (cf. en particulier Goffman E., *The Presentation of Self in Everyday Life*, New York, Doubleday, 1959) sont caractéristiques de cette perspective au sein de la théorie générale de la présentation des identités sociales. Pour une application au domaine de la politique, cf. Edelman M., *The Symbolic Uses of Politics*, Urbana, University of Illinois Press, 1964.

▲ 3. Ce fait de vieillir ensemble constitue, comme A. Schütz n'a cessé de le souligner, une condition de la constitution intersubjective du temps. Cf. A. Schütz A., *Der sinnhafte Aufbau der sozialen Welt...*, *op. cit.*, p. 111 et s. ainsi que d'autres analyses présentes dans les essais ultérieurs rassemblées dans Schütz A., *Collected Papers*, *op. cit.*, *passim*.

▲ 4. Nous reviendrons dans le chapitre IX, qui porte sur la confiance dans la confiance, sur les possibilités d'une telle symbiose entre la confiance et le soupçon.

tons en relation avec le thème du chapitre précédent, c'est-à-dire le problème de la complexité. Mais pour cela notre analyse du temps doit d'abord s'enrichir de quelques réflexions additionnelles.

La constitution du temps objectif, c'est-à-dire l'interprétation de l'opposition, dont on peut faire l'expérience subjective, entre la durée et le changement au moyen de l'opposition objective entre états identiques et événements identiques, sert à dégager un espace pour la variation. Dans la perspective événementielle, les états sont mis en mouvement avec le présent et, dans la perspective des états, ce sont les événements qui sont mis en mouvement avec l'avenir et le passé, c'est-à-dire ouverts pour d'autres possibilités. Cette variabilité englobe tout ce qui est, sans exception[1]. La dualité de ces perspectives mutuellement exclusives garantit cette exhaustivité et épargne à l'homme l'idée, pour lui impossible à mettre en pratique, selon laquelle tout pourrait varier avec tout d'un seul coup. En d'autres termes, le temps est construit en tant que complexité illimitée, mais cependant réductible. La dimension temporelle est donc, tout comme la dimension sociale, une interprétation du monde sous le point de vue d'une complexité extrême. Elle indique que tout pourrait être autrement. Cette projection du monde – qui n'érige à titre d'état ni le temps lui-même, ni le monde, ni même la complexité indéterminée – trouve son assise dans la présentité factuellement durable de l'expérience actuelle. C'est toute la complexité des autres possibilités qui est réduite, à travers ce présent, à une actualité dont on peut faire l'expérience, le monde lui-même y étant réduit, par exemple, à l'« horizon » co-expérimentable de l'expérience. Les états qui peuvent participer à l'actualité du présent servent à la saisie et à la réduction de cette complexité extrême, à la détermination de ce qui est déterminable ou – dans le langage traditionnel de la métaphysique ontologique qui laisse le temps de côté – à la mise en forme de la matière. Ils produisent cet effet dans la mesure où ils explicitent le monde, le structurent et le simplifient de telle sorte que les événements acquièrent une valeur informationnelle et peuvent s'amalgamer à l'agir humain en un processus de sélection. Dans cette fonction, les états créent une certitude présente en tant qu'auxiliaires de la sélection.

On peut donc concevoir le temps également comme une réduction de la complexité ; cela peut se faire soit en considérant le présent comme le point de vue de l'expérience subjectivement sélective qui progresse dans l'avenir ou bien en saisissant le présent comme le filtre stable, intégré dans le « cours du temps », qui transforme le possible en réel. Nous le savons, ces deux images du mouvement constituent des métaphores inadéquates pour exprimer le processus de médiation entre la complexité du monde et l'actualité de l'expérience, processus que nous nommons réduction.

Ces réflexions permettent de faire ressortir la fonction de la confiance. La confiance renforce le présent dans son potentiel de saisie et de réduction de la complexité ; elle renforce les états par rapport aux événements et permet

▲ 1. Sur le plan de l'histoire des idées, ce concept vient remplacer la temporalisation ontologique de l'être sur la base de la représentation du mouvement qui devait lier l'universalité de la temporalité à l'idée que tout est en mouvement.

ainsi de *vivre et d'agir face à une plus grande complexité en rapport avec les événements.* Pour faire référence à une théorie psychologique connue, la confiance renforce la « tolérance à l'égard de la polysémie »[1]. Mais cette opération ne doit pas être confondue avec la maîtrise instrumentale des événements. Car là où une telle maîtrise peut être garantie (c'est-à-dire « actualisée »), la confiance est inutile. On a besoin de la confiance pour la réduction d'un avenir dont la complexité demeure plus ou moins indéterminée.

Distinguer la confiance de la maîtrise des événements n'est pas seulement un précepte à suivre en vue d'une plus grande clarté conceptuelle, cela est également nécessaire pour obtenir une certaine connaissance de la relation qui existe entre les deux. La complexité indéterminée des événements possibles n'est ainsi pas seulement une série de planifications déficientes de l'avenir, mais elle constitue en un autre sens une conséquence de la l'étendue de la planification instrumentale[2]. Une planification à long terme, projetée sur de longues chaînes enchevêtrées de causes et d'effets et qui prend en compte de nombreux paramètres et un grand nombre d'actions de la part de différents individus, ne diminue pas les possibilités de l'avenir, elle les accroît. Pour l'individu, une telle complexité planifiée donne précisément naissance à un nouveau genre d'insécurité. À cela s'ajoute que cette planification comporte un grand nombre d'*indéterminations techniques sur le plan du sens.* Il devient sensé d'ajourner les décisions jusqu'à ce que le cours du temps ait produit des événements et réduit davantage la complexité. L'argent, le pouvoir et la vérité constituent, nous y reviendrons plus en détails, des mécanismes sociaux qui permettent d'ajourner les décisions tout en les garantissant, donc de vivre avec un avenir d'une complexité indéterminée et plus élevée. La stabilisation présente de ces mécanismes et d'autres encore présuppose la confiance. La maîtrise des événements et la confiance ne sont donc pas seulement des mécanismes de réduction de la complexité fonctionnellement équivalents et substituables l'un à l'autre ; lorsque s'accroît la complexité saisissable d'événements possibles, on doit encore davantage faire appel à ces deux mécanismes, cela de manière complémentaire et en parallèle.

Il ne faut donc pas s'attendre à ce que le progrès de la civilisation techno-scientifique puisse permettre un contrôle des événements et remplacer la confiance en tant que mécanisme social par une maîtrise des choses qui la rendrait superflue. On devra plutôt prendre en compte le fait qu'il faudra de plus en plus faire appel à la confiance afin que l'on puisse supporter la complexité de l'avenir engendrée par la technique. C'est à bon droit que Talcott Parsons a mis en relation la signification de la solidarité expressive des micro-groupes en tant que fondement de la confiance politique avec

▲ 1. Cf. par exemple Frenkel-Brunswik E., « Intolerance of Ambiguity as an Emotional and Perceptual Personality Variable », *Journal of Personality*, 18, 1949, p. 108-143 ; Hofstätter P. R., *Einführung in die Sozialpsychologie*, Stuttgart, Humboldt, 1959, p. 160 et s., et, connexe à ceux-ci, Atkinson J. W., « Motivational Determinants of Risk-Taking Behavior », *Psychological Review*, 64, 1957, p. 359-372.

▲ 2. Cf. Tenbruck F. H., *Zur Kritik der planenden Vernunft*, Freiburg-München, Alber, 1972.

l'indétermination nécessaire liée à la complexité des processus politiques[1]. Cet exemple montre en même temps que les sous-systèmes de la société comme la politique et peut-être aussi l'économie, qui ne peuvent plus faire assez pour le présent, demeurent tributaires d'autres domaines d'action qui ont démontré un rapport au présent qui est créateur de confiance.

▲ 1. Cf. Parsons T., « "Voting" and the Equilibrium of the American Political System », *in* Burdick E., Brodbeck A. J., eds, *American Voting Behavior*, Glencoe, Ill., Free Press, 1959, p. 96 et s.

Chapitre III

La familiarité et la confiance[1]

Les limites du potentiel d'expérience de l'être humain sont fournies et caractérisées par sa structure intentionnelle. Toute intention saisit quelque chose qu'elle vise (*etwas Gemeintes*) et, de ce fait, présuppose par ailleurs le monde. La frontière de ce qui est chaque fois visé peut et même doit constamment être dépassée. Il est impossible d'immobiliser l'expérience et de s'en tenir toujours au seul et même thème. Cette automobilité de l'expérience est une condition élémentaire pour que la complexité du monde puisse être assumée et réduite à des directives comportementales signifiantes. Mais l'expérience ne peut transcender les limites qui lui sont posées que si elle les repousse et qu'elle accepte d'autres limites. C'est en ce mouvement de l'expérience que se constituent des identités objectives qui conduisent l'expérience d'un objet à l'autre en plaçant dans l'horizon une expérience future et en préservant l'expérience passée ; et c'est ainsi que se constitue le monde en tant qu'horizon universel de l'expérience qui doit toujours être présupposé en tout mouvement, mais qu'on ne peut jamais transgresser.

Le guidage de l'expérience par la constitution du sens et du monde en vue de la saisie de conditions d'existence plus complexes est une *opération intersubjective*[2]. Une explicitation transcendantalo-phénoménologique du monde et de sa complexité doit tenir compte de cette intersubjectivité transintentionnelle de la constitution du sens et du monde. En effet, la façon

▲ 1. Le terme allemand *Vertrautheit*, que nous traduisons ici par « familiarité », partage la même racine que le terme *Vertrauen*. Nous avons renoncé à rendre compte de cette parenté étymologique dans la traduction [NDT].

▲ 2. À propos de cette thèse développée sur les bases posées par Husserl, cf. les références fournies p. 6, n. 1 ; cf. en outre, Gurwitsch A., « The Common-sense World as Social Reality: A Discourse on Alfred Schutz », *Social Research*, 29, 1962, p. 50-72 ; Berger P. L., Pullberg St., « Verdinglichung und die soziologische Kritik des Bewußtseins », *Soziale Welt*, 16, 1965, p. 102 et s. ; Berger P. L., Luckmann Th., *The Social Construction of Reality. A Treatise in the Sociology of Knowledge*, Garden City, N.Y., Doubleday, 1966. Le concept sartrien de « totalisation » implique également cette intersubjectivité. Cf. Sartre J.-P., *Critique de la raison dialectique*, Paris, Gallimard, 1960.

dont l'étant dans le monde se fait connaître, sa capacité de vérité et le degré de sa complexité saisissable varient avec le style propre à la constitution intersubjective du sens et du monde.

Le sens et le monde sont d'abord et la plupart du temps constitués de manière *anonyme*[1]. Chaque individu est présupposé comme faisant la même expérience, sous la forme vide d'un autre Je, en tant que « on »[2]. L'opération de constitution demeure donc indifférenciée. Elle est produite dans un consensus général diffus. À ce niveau, aucune confiance particulière envers les autres n'est nécessaire. Celui qui ne donne pas son accord n'ébranle pas la vision commune du monde, il ne fait que s'exclure lui-même de l'humanité rationnelle. À cette forme anonyme de constitution correspondent la vérité en tant que médium de communication et la familiarité et l'évidence (*Selbst-Verständlichkeit*) de l'étant en tant que style de connaissance (*Bekanntheitsstil*). Cette familiarité n'est verbalisée qu'en partie dans la communication entre les hommes ; elle est par ailleurs présupposée en tant que fondement de la compréhension et garantie comme évidente, bonne et juste par l'évaluation morale[3]. L'étant vrai et familier n'offre aucune raison de questionner le « qui » de l'expérience, le sujet de la constitution du sens. L'étant lui-même lui apparaît dans ce cas à titre de « *subjectum* ». Le processus de constitution est ainsi soustrait au regard. Il n'y a de cette manière aucune raison de pousser plus avant le questionnement sur « qui en est » et « qui n'en est pas ».

Évidemment, le monde de l'évidence sans questionnement propre à ce style ne doit pas être posé comme un monde pleinement consenti dans les faits. Il y a en lui pour cela trop de différences et de diversité d'opinions. Mais celles-ci sont imputées non pas au monde, mais à l'homme en tant qu'objet dans le monde, à son irrationalité, à ses mauvaises intentions, à ses origines étrangères ou, de préférence aujourd'hui, à ses « complexes » et elles sont ainsi atténuées. Interprétées de cette façon, elles ne troublent ni n'insécurisent l'expérience individuelle. Elles sont plutôt attribuées à un état de faits existant dans le monde, état de faits auquel on peut réagir par certaines actions relevant de la méfiance, de la prudence, de la disposition au combat ou de l'indifférence psychologiquement induite.

Par cette constitution anonyme du sens et du monde, qui demeure latente, le plein potentiel des possibilités d'expérience, c'est-à-dire l'extrême

▲ 1. Le crédit revient à Alfred Schutz d'avoir développé cette idée. Cf. Schütz A., *Der sinnhafte Aufbau der sozialen Welt*..., *op. cit.*, p. 220 et s. Cf. également Husserl E., *Die Krisis der europäischen Wissenschaften und die transzendentale Phänomenologie*..., *op. cit.*, p. 114 et s.

▲ 2. La dévalorisation chez Heidegger de la dimension sociale en tant que pur être-ensemble du « on » part de cette donnée fondamentale ; Heidegger lui accorde toutefois faussement le statut de l'« inauthenticité » par rapport à un être « authentique ». Cf. Heidegger M., *Sein und Zeit*, Tübingen, Niemeyer, 1949, p. 114 et s. P. L. Berger et H. Kellner montrent au contraire que même les contacts intimes ont une signification pour l'articulation du monde. Cf. Berger P. L., Kellner H., « Die Ehe und die Konstruktion der Wirklichkeit: Eine Abhandlung zur Mikrosoziologie des Wissens », *Soziale Welt*, 16, 1965, p. 220-235.

▲ 3. Cf. à ce sujet Garfinkel H., « A Conception of, and Experiments with, "Trust" as a Condition of Stable Concerted Actions », art. cité ; Berger P. L., Luckmann Th., *The Social Construction of Reality*, *op. cit.*, p. 140 et s.

complexité du monde, est soustrait à la conscience. Le monde familier est alors relativement simple et cette simplicité est garantie par des limites passablement étroites. La complexité des possibilités de ce monde se révèle malgré cela[1], et cela sous la forme d'une séparation entre ce qui est familier et ce qui est étrange, l'étranger et l'inquiétant qui est combattu ou encore mystifié. Ce n'est que pour autant que l'autre homme entre dans la conscience non pas simplement comme objet dans le monde, mais comme *alter ego*, comme liberté de voir les choses autrement et de se comporter différemment, que l'évidence traditionnelle du monde est ébranlée, que sa complexité devient visible en une tout autre dimension, pour la saisie et l'absorption de laquelle aucune forme adéquate n'est au préalable disponible.

La familiarité permet en ce sens de formuler des attentes relativement sûres et, en cela, d'absorber les risques résiduels ; en elle-même, toutefois, elle ne constitue ni une attente favorable ni une attente défavorable, mais la condition de possibilité des deux. La familiarité est la condition de la confiance comme de la méfiance, c'est-à-dire de tout engagement en une certaine attitude par rapport à l'avenir. Ce ne sont pas seulement les perspectives favorables, mais également les dangers qui nécessitent une certaine familiarité, une typique socialement constituée afin de pouvoir continuer à vivre dans l'avenir avec confiance ou méfiance. Cette mise en ordre préalable ne possède pas encore, loin de là, l'alternativité entre avenir favorable et avenir défavorable qui ne se développe qu'en relation avec des intentions d'action ou des intérêts systémiques. Elle est la structure de l'existence et non celle de l'action. Et elle se rapporte au monde tandis que la confiance et la méfiance ne peuvent appréhender et thématiser que des aspects choisis du monde, des portions relativement infimes du sens possible.

Dans les mondes familiers, le passé est prédominant par rapport au présent et à l'avenir. Dans le passé, les « autres possibilités » n'existent plus ; le passé est toujours une complexité déjà réduite. L'orientation sur le passé peut donc simplifier le monde et le rendre inoffensif. On suppose de cette manière que ce qui est familier demeurera tel, que ce qui s'est avéré se conservera comme tel et que le monde connu se perpétuera dans l'avenir. Et cette supposition connaît en général du succès dans la mesure où tous les hommes en dépendent et que nul n'est en mesure de tout changer d'un seul coup. L'humanité ne peut abandonner au passé ce qu'elle a traversé dans son existence. Elle doit constamment se le garder présent dans ses traits essentiels en tant qu'il s'agit de son histoire, cela parce que l'histoire constitue pour elle le plus important moyen de réduction de la complexité. Sous l'aspect du passé, la dimension temporelle résout de cette manière un problème qui appartient à vrai dire à la dimension sociale : l'exclusion de l'action inattendue. La contingence sociale du monde est ainsi masquée et,

▲ 1. C'est avec raison que H. Plessner voit dans le fait qu'un au-delà demeure constamment accessible une différence essentielle du monde de proximité familier de l'homme par rapport à l'environnement de l'animal. Cf. Plessner H., *Conditio Humana*, *op. cit.*, p. 45 et s.

par conséquent, la constitution sociale de tout sens demeure anonyme au sein du monde familier.

À l'opposé, la confiance est dirigée vers l'avenir. La confiance n'est certes possible qu'au sein d'un monde familier, mais elle a besoin de l'histoire en tant que fondement d'assurance. En l'absence de tout point d'appui et sans aucune expérience préalable, il est impossible de faire confiance. Mais la confiance n'est pas une conséquence du passé ; elle extrapole au contraire à partir des informations dont elle dispose relativement au passé et se risque à déterminer l'avenir. Dans l'acte de confiance, la complexité du monde à venir est réduite. Celui qui agit en toute confiance s'engage comme si l'avenir ne comportait que des possibilités déterminées. Il fait reposer son avenir présent sur un présent à venir. Il offre ainsi à l'autre homme un avenir déterminé, il lui offre un avenir commun qui ne résulte pas sans plus d'un passé commun, mais qui au contraire contient par rapport à celui-ci quelque chose de nouveau.

La familiarité et la confiance constituent donc des moyens complémentaires d'absorption de la complexité et, tout comme le passé et l'avenir, ils sont interreliés. L'unité du temps, qui sépare dans le présent le passé de l'avenir tout en les renvoyant l'un à l'autre, rend possible une telle relation entre des opérations complémentaires dont l'une, la confiance, présuppose toutefois l'autre, la familiarité. Mais on peut supposer que ce rapport conditionnel n'est pas invariable, qu'il permet au contraire des déplacements d'accent et que le besoin de familiarité et de confiance d'un ordre social varie avec la complexité des systèmes sociaux eux-mêmes et selon leur relation au temps. À mesure qu'un ordre social devient plus complexe et plus variable, il perd en tant que totalité son caractère d'évidence, de familiarité reconnue, puisque l'expérience quotidienne ne peut le faire voir ou le rappeler que d'une manière parcellaire. D'un autre côté, la complexité de l'ordre social fait naître un besoin accru de coordination et, partant, un besoin de déterminer l'avenir, donc un besoin de confiance qui peut de moins en moins être satisfait par la familiarité. Dans ces conditions, la familiarité et la confiance doivent rechercher une nouvelle relation de stabilisation réciproque qui ne se fonde plus dans un monde de proximité déterminé par la tradition et pouvant être objet d'une expérience immédiate, une nouvelle relation, donc, qui ne peut plus être assurée au moyen d'une frontière déterminant ce qui n'est pas de l'ordre du familier, ce qui est donc étranger et ennemi. Ce n'est donc plus en tant qu'expérience accessible à la mémoire que l'histoire peut constituer le fondement de la confiance, mais uniquement en tant que structure des systèmes sociaux qui a déjà fait l'objet d'une décision, et la confiance doit se rapporter à ces systèmes eux-mêmes.

Cette hypothèse est formulée en rapport avec la structure et la complexité croissante des systèmes sociaux. Elle peut être reprise et approfondie au moyen d'une réflexion transcendantale qui n'est pas orientée sur la complexité des systèmes sociaux, mais sur la complexité du monde que celle-ci rend possible. L'élargissement de la représentation du monde en direction d'une complexité accrue se révèle dès le début de la Modernité, particulièrement à travers deux séries interreliées de phénomènes : dans le tournant subjectiviste de la métaphysique philosophique et dans la limitation du domaine de la vérité authentique aux sciences positives. Dans les deux cas, le changement de style de l'intersubjectivité est d'abord passé inaperçu.

Le tournant cartésien de la métaphysique situe la conscience de la pensée se pensant elle-même à la place qui était occupée précédemment par l'être de l'étant s'offrant à la conscience. Mais la conscience de soi de la pensée est alors considérée comme une expérience intérieure de l'homme individuel et elle est simplement universalisée à partir de ce fondement, sans être réellement étudiée en tant que processus intersubjectif de constitution du sens et du monde. Les sciences positives réduisent le savoir susceptible de vérité à la fonction de mise en ordre de la relation entre la perception et le concept dans l'hypothèse que les perceptions tout comme les concepts, mais avant tout l'accord entre les deux, pourront être ramenés à une certitude intersubjective univoque et ainsi garantis contre l'arbitraire de l'*alter ego.* On en est arrivé ainsi à une recherche scientifique extrêmement riche en résultats qui se contente de plus en plus de légitimer sa méthode par ses succès, sans se questionner sur ce qu'il advient de ces domaines de savoir dans lesquels cette certitude intersubjective ne peut être atteinte ni sur le sens général qu'il y a à prendre pour critère de vérité la certitude intersubjective en remplacement de l'évidence que procure une longue familiarité.

Dans le cadre de cette étude, les questions laissées ainsi en suspens ne peuvent trouver réponse ni même être traitées adéquatement. Pour mettre en relief le problème de la confiance par rapport à la familiarité générale du monde vécu, il est toutefois essentiel de garder à l'esprit cet ensemble de questions lié à la constitution intersubjective. La familiarité universelle et anonymement constituée du monde vécu, incluant la nature et les relations humaines, est et demeure le fondement en soi évident de l'existence (*selbstverständliche Daseinsgrundlage*), la base de toute intention spécifique visant un thème particulier. C'est dans cette zone modérée que l'homme séjourne quotidiennement sans problème spécifique lié à la confiance ou à la méfiance. Elle est la condition de toute confiance et de toute méfiance. Il ne peut cependant pas voir la constitution intersubjective de cette base ni l'ériger en problème tant qu'il n'est pas en mesure de transformer cette familiarité avec le monde des objets en confiance dans le processus de la constitution intersubjective de celui-ci[1]. Il demeure dans la caverne des ombres que Platon a décrite et il doit se contenter de formes déjà réduites, à moins qu'il ne place dans une position lui permettant de rencontrer la pleine complexité du monde avec des formes plus efficaces de réduction de la complexité. La question ne sera pas alors de supporter l'évidence des idées

▲ 1. C'est également en ce sens transcendantal que M. Adler parle de la confiance, notamment de la confiance dans la capacité de l'autre à faire une expérience adéquate de la réalité. Cf. Adler M., *Das Rätsel der Gesellschaft. Zur erkenntnis-kritischen Grundlegung der Sozialwissenschaft*, Vienne, Saturn-Verlag, 1936, p. 91.

qui éblouit son pouvoir de vision[1], mais plutôt, par des processus de communication intersubjective, de stabiliser des systèmes pouvant saisir et réduire davantage de complexité et de placer sa confiance dans le fonctionnement de ces systèmes. C'est seulement de cette manière que peut se *réaliser* à un niveau de complexité plus élevé le processus *transcendantal* de constitution du monde et du sens[2].

Pour notre problème particulier qui est celui de la confiance, il ressort de ce diagnostic général l'hypothèse d'un changement de style en direction d'une complexité plus grande, d'une complexité faisant l'objet d'un traitement conscient.

Anticipant sur le prochain chapitre, cette hypothèse peut être esquissée de la manière suivante : s'appuyant sur la familiarité quotidienne du monde, la confiance est d'abord une confiance personnelle (et en cela limitée). Elle sert à traverser un moment d'incertitude dans le comportement des autres hommes dont on fait l'expérience au même titre que l'imprévisibilité des modifications d'un objet. À mesure que s'accroît le besoin de complexité et qu'apparaît l'autre homme en tant qu'*alter ego*, en tant que co-responsable de cette complexité et de sa réduction, la confiance doit être élargie et elle doit repousser la familiarité du monde originellement évidente, sans toutefois pouvoir la remplacer totalement. Elle se transforme ainsi en une confiance systémique d'un genre nouveau qui implique un abandon risqué, en toute conscience, des autres informations possibles, de même que des indifférences avérées et un contrôle constant des résultats. La confiance systémique ne s'applique pas seulement aux systèmes sociaux, mais également aux autres hommes en tant que systèmes personnels. Si l'on prend en considération les présuppositions internes de cet acte de confiance, à ce changement correspond un passage des fondements primaires émotionnels de la confiance à des fondements primaires liés à des présentations.

▲ 1. Comme chacun sait, même Husserl s'est laissé influencé par cette idée platonicienne, cela au détriment du plein impact de son œuvre.

▲ 2. Cf. également Luhmann N., *Soziologische Aufklärung*, *op. cit.*, p. 66 et s. H. Hülsmann, avec sa thèse selon laquelle l'herméneutique peut dépasser l'anonymité de l'*alter ego* co-constitutif du sens, attribue à la sociologie des objectifs similaires, mais il ne dit pas de quelle autre manière pourrait être assumée la fonction d'anonymité qui confère un fondement d'assurance à toute expérience déterminée du sens. Tant que nous ne pouvons pas remplacer l'anonymité et transposer la familiarité transcendentale en confiance transcendantale, nous ne pouvons faire l'économie de la confiance. Cf. Hülsmann H., « Hermeneutik und Gesellschaft », *Soziale Welt*, 18, 1967, p. 1-28

Chapitre IV

La confiance en tant que réduction de la complexité

Nous pouvons à présent formuler de manière plus précise le problème de la confiance en tant que problème de la *performance initiale risquée*[1] (*riskante Vorleistung*). Le monde est disséminé en une complexité incontrôlable, de telle sorte que les autres humains peuvent à tout moment choisir librement entre des actions très différentes. Mais je dois agir ici et maintenant. Je n'ai qu'un court instant pour voir ce que les autres font et réagir en conséquence. En cet instant, je ne peux saisir et traiter qu'une petite partie de la complexité ; le gain en rationalité est donc minime. J'aurais plus de chance d'atteindre une rationalité plus complexe si je pouvais placer ma confiance dans un certain comportement futur d'autrui (ou encore contemporain ou passé, mais pour moi déterminable uniquement dans le futur). Si je peux avoir confiance dans le fait que je tirerai profit de la réussite de l'action, je peux alors me permettre des formes de coopération qui ne sont pas payantes immédiatement et qui ne sont pas à mon immédiate disposition[2]. Si je m'en remets au fait que les autres agiront de concert avec moi ou s'en abstiendront, je peux suivre mon intérêt propre de

▲ 1. C'est ici que se trouve le plus important point de contact que nous pouvons établir avec l'analyse éthique de la confiance élaborée par R. Schottländer. Il souligne en effet lui aussi le moment de l'*engagement* dans la confiance. Cf. Schottländer R., *Theorie des Vertrauens*, Berlin, de Gruyter, 1957, p. 28 et s. Cf. également Deutsch M., « Trust and Suspicion », *The Journal of Conflict Resolution*, 2, 1958, p. 265 et s. qui place également au fondement de son concept de confiance la valeur motivationnelle réelle d'une prévision comportementale. En psychologie, au contraire, il n'est pas rare que l'on utilise un concept de confiance beaucoup plus large et plus indéterminé qui n'a pas encore pu être opérationalisé. Cf. par exemple, les exposés de J. S. Bruner, J. J. Goodnow et G. A. Austin en relation à la définition : « Confidence is essentially the degree of sureness a person feels in making a categorization » (Bruner J. S., Goodnow J. J., Austin G. A., *A Study of Thinking*, New York-Londres, R. E. Krieger Pub. Co., 1956, p. 226). Aucune différence n'est faite par là entre la familiarité et la confiance pas plus qu'entre la confiance et le calcul de probabilité.

▲ 2. Cf. à ce sujet l'expérience de Deutsch M., « The Effect of Motivational Orientation upon Trust and Suspicion », *Human Relations*, 13, 1960, p. 123-139 et aussi Zand D. E., « Trust and Managerial Problem Solving », *Administrative Science Quarterly*, 17, 1972, p. 229-239.

manière plus rationnelle, par exemple en conduisant de manière plus courtoise dans la circulation[1].

La confiance n'entre en jeu que lorsque l'attente confiante est déterminante dans une décision ; autrement, il ne s'agit que d'un simple espoir. Lorsqu'une mère confie son enfant à une gardienne pour la soirée, elle espère un certain nombre de choses : que tout se passera bien, que la gardienne sera gentille avec l'enfant, qu'elle ne l'empêchera pas de s'endormir par de la musique trop forte, etc. Sa confiance ne s'étend qu'aux événements dont l'occurrence lui ferait regretter d'être sortie et d'avoir confié son enfant à quelqu'un. La confiance se rapporte donc toujours à une alternative cruciale dans laquelle le dommage lié au bris de confiance serait plus grand que l'avantage à retirer du respect de la confiance. Celui qui fait confiance prend donc conscience, eu égard à la possibilité d'un dommage extrême, de la sélectivité de l'agir d'autrui et se positionne par rapport à celle-ci. Celui qui espère témoigne tout simplement d'une assurance malgré l'incertitude. La confiance réfléchit la contingence, l'espoir l'élimine.

Nous ne présupposons pas, d'un autre côté, que le risque et les fondements de la confiance sont soupesés rationnellement avant d'agir. On peut faire confiance sans réfléchir, de manière insouciante et routinière et, lorsque les attentes sont pratiquement certaines, la confiance ne requiert aucun exercice de conscience particulier. Celui qui circule parmi les autres sans porter d'armes leur fait confiance et, de nos jours, il ne réfléchit pas sérieusement à l'alternative qui consisterait à porter une épée ou un pistolet. La confiance se transforme graduellement en attentes de continuité qui, sans faire l'objet d'une réflexion, sont placées au fondement de la vie quotidienne comme autant de lignes directrices bien établies. Mais ce ne sont pas toutes les attentes de ce genre qui impliquent la confiance, mais seulement les attentes comportementales et, parmi ces dernières, seules celles sur la base desquelles on s'engage dans l'action et dont la déception ferait en sorte que l'on regretterait son propre comportement.

La question de savoir, dans le cadre d'une analyse rétrospective axée sur la finalité, si l'action qui était fondée sur la confiance était adéquate, dépend du respect ou du non-respect de la confiance. Dans une perspective purement objective et intemporelle, du genre de celle qui prédomine dans les

▲ 1. Cf. également l'exemple, discuté dans la théorie des jeux, des deux prisonniers qui, par des aveux, recevraient une sentence réduite au détriment de l'autre et qui, s'ils gardent le silence, ne pourraient être convaincus que d'une offense mineure. En situation de confiance, l'action rationnelle serait de garder le silence, alors qu'en cas de méfiance, l'action rationnelle serait de passer aux aveux. Cf. à ce sujet Luce D. R., Raiffa H., *Games and Decisions: Introduction and Critical Survey*, New York, Wiley, 1957, p. 94 et s. ; Rapoport A., *Fights, Games and Debates*, Ann Arbor, University of Michigan Press, 1960, p. 173 et s. ; Rapoport A., Chammah A. M., *Prisoner's Dilemma. A Study in Conflict and cooperation*, Ann Arbor, University of Michigan Press, 1965 et l'expérience de M. Deutsch qui reprend ce cas (Deutsch M., « Trust and Suspicion », art. cité). Il est déterminant dans cet exemple – et, en cela, il désigne quelque chose de réel – que la possibilité de la communication soit en elle-même déjà suffisante pour créer la confiance. L'expérience de J. L. Loomis démontre l'importance de la communication dans les cas d'interdépendance mutuelle. Cf. Loomis J. L., « Communication, the Development of Trust and Cooperative Behavior », *Human Relations*, 12, 1959, p. 305-315. Pour une justification plus détaillée, cf. *infra* p. 48.

théories de la décision des sciences économiques, cela apparaîtrait comme un facteur d'incertitude parmi d'autres dont la probabilité serait à évaluer et à calculer quantitativement. Toutefois, cette façon de voir ne tient pas suffisamment compte du fait qu'il ne suffit pas de prendre en considération le temps en faisant le décompte de la certitude de l'attente. Au moment de la prise de décision, on ne dispose pas de ce savoir, surtout pas sous la forme d'un calcul de probabilité[1]. On doit donc se limiter à affirmer que la présence ou l'absence de confiance chez l'acteur fait une différence essentielle dans la rationalité de l'action qui semble pouvoir être atteinte.

Dans les deux exemples que nous avons mentionnés, soit l'action coopérative et l'action individuelle coordonnée, la confiance ouvre, au moyen d'une réduction de la complexité, des possibilités d'action qui, sans elle, demeureraient improbables ou encore peu attrayantes, qui ne se réaliseraient donc pas. Le gain lié au fait que l'action se fonde sur la confiance ainsi que sa rationalité – c'est ce que nous révèle en particulier l'exemple des deux prisonniers et celui de la conduite dans la circulation – ne réside donc pas tellement dans la garantie que procurerait la maîtrise assurée de longues chaînes d'action ou de relations causales étendues, bien que cela puisse être réalisé par la confiance, mais plutôt et surtout dans un élan vers l'*indifférence* : en effet, par le biais de la confiance, on exclut de la prise en compte certaines possibilités de développement. On neutralise certains dangers qui ne peuvent être éliminés, mais qui ne doivent pas pour autant perturber l'action.

Un autre exemple illustrant la réduction de la complexité produite par la confiance gagne en importance au sein d'une structure sociale de plus en plus organisée. Malgré tous les efforts consacrés à l'organisation et à la planification rationnelle, ce ne sont pas toutes les actions qui peuvent être guidées avec certitude par une prévision de leurs effets. Il reste des incertitudes à absorber et il doit exister pour cela des rôles auxquels cette tâche est dévolue. De tels rôles, comme, par exemple, celui du politicien ou du gestionnaire en chef, ne sont pas contrôlés au moyen de standards, mais plutôt selon leurs résultats, précisément parce qu'on ne peut connaître d'avance, d'une manière suffisamment précise, l'action adéquate à poser. Le succès ou l'échec ne se révèle qu'une fois l'action accomplie. On doit pourtant s'engager au préalable. La confiance permet de passer par-dessus ce problème temporel, cette confiance qui est accordée pour un temps comme une avance sur le succès et qui, en cas d'échec, peut être retirée, par exemple par l'engagement de personnes à certains postes, par le crédit sur le

▲ 1. Le doute est de plus alimenté par le fait que l'on n'a pas encore découvert un mode de calcul ou de subdivision de la probabilité et de l'utilité qui force la conviction indépendamment de la disposition individuelle au risque ; voilà un défaut symptomatique que la formulation habituelle de la maximalisation du profit attendu a habilement passé sous silence. Cf. à ce sujet Koch H., « Zur Diskussion in der Ungewißheitstheorie », *Zeitschrift für handelswissenschaftiche Forschung*, 12, 1960, p. 49-75. Le calcul d'un risque en présence de chances particulièrement grandes de succès est par ailleurs une sorte de calcul semblable à un pari ou à un jeu contre la nature, dans lequel le problème de la confiance ne se pose pas au sens strict. Cf. également Deutsch M., « The Effect of Motivational Orientation upon Trust and Suspicion », art. cité, p. 124 et s. et « Trust and Suspicion », art. cité, p. 266.

capital, etc.[1] Le problème de la complexité est ainsi décomposé et, donc, amoindri : l'un a confiance, de manière anticipatoire, dans le fait que l'autre maîtrisera avec succès des situations ambiguës, qu'il réduira donc la complexité, et l'autre, par cette confiance qui lui est accordée, a effectivement plus de chances de réussir.

La réduction en ce sens n'est nullement une déduction. Elle s'apparente plutôt à l'induction. En fin de compte, la confiance ne peut jamais être fondée ; elle se crée par une extrapolation à partir de l'information disponible ; elle est, comme Simmel l'a noté, un mélange de savoir et de non-savoir[2]. Bien que celui qui accorde sa confiance ne serait nullement embarrassé s'il devait dire pourquoi il a accordé sa confiance dans tel ou tel cas, ces raisons serviraient davantage à préserver son estime de soi ou sa justification sociale. Elles l'empêcheraient, dans l'éventualité où on abuserait de sa confiance, de se présenter à lui-même et aux autres comme un fou, comme un homme sans expérience et mal adapté à la vie[3]. Ces raisons supportent dans tous les cas le fait d'accorder sa confiance et non pas la confiance elle-même. Celle-ci demeure une entreprise risquée.

Cette façon d'aller au-delà des faits permet d'atteindre une relative indépendance par rapport à certaines expériences préalables spécifiques et par rapport à des fondements déterminés de la confiance ; c'est ce que l'on nomme « généralisation » dans la théorie de l'apprentissage[4]. Les jugements fondés sur la confiance généralisent des expériences, les étendent à des cas différents mais pourtant « similaires », et stabilisent, dans la mesure où ils sont attestés, une indifférence à l'égard des différences. Dans ce processus de généralisation des attentes par la confiance, il y a au moins trois aspects qui sont significatifs pour nos réflexions ultérieures : ce processus implique un *déplacement partiel de la problématique* de l'« *extérieur* » vers l'« *intérieur* », un processus d'*apprentissage* et une *fixation symbolique* du résultat dans l'environnement.

▲ 1. On trouvera chez D. Braybrooke des remarques pertinentes sur ce jeu réciproque entre les critères de réussite et la confiance (Braybrooke D., « The Mystery of Executive Success Re-Examined », *Administrative Science Quarterly*, 8, 1964, p. 542 et s.). Cf. Vickers G., *The Undirected Society: Essays on the Human Implications of Industrialization in Canada*, Toronto, University of Toronto Press, 1959, p. 180 et *passim*.

▲ 2. Simmel G., *Soziologie. Untersuchungen über die Formen der Vergesellschaftung*, Berlin, Duncker & Humblot, 1983 (1re édition : 1922), p. 263 et s.

▲ 3. En ce qui concerne les problèmes d'auto-présentation qui surgissent dans ces situations où la confiance est trompée et des nécessaires expédients sociaux à cet effet, cf. *infra*, p. 96 et s.

▲ 4. Ce concept s'appuie sur de nombreuses recherches en psychologie béhavioriste. Pour un survol de celles-ci en langue allemande, cf. Stendenbach F. J., *Soziale Interaktion und Lernprozesse*, Köln-Berlin, Kiepenheuer & Witsch, 1963, p. 90 et s. ou encore Eyferth K., « Lernen als Anpassung des Organismus durch bedingte Reaktion », *in* Bergius R., Hg., *Handbuch der Psychologie, 1. Bd. Allgemeine Psychologie, I. Der Aufbau des Erkennens, 2. Halbbd. Lernen und Denken*, Göttingen, Hogrefe, 1964, p. 103-110 et Eyferth K., « Das Lernen von Haltungen, Bedürfnissen und sozialen Verhaltensweisen », *in* Bergius R., Hg., *Handbuch der Psychologie, 1. Bd. Allgemeine Psychologie, I. Der Aufbau des Erkennens, 2. Halbbd. Lernen und Denken*, Göttingen, Hogrefe, 1964, p. 357-360.

La généralisation en général et la formation de la confiance en particulier présupposent l'existence de systèmes en tant que support des opérations, elles présupposent des systèmes suffisamment complexes pour reproduire certaines relations à l'environnement au moyen de processus internes. Évidemment, aucun système n'est en mesure de répéter dans une représentation le monde réel dans toute sa complexité insaisissable, donc de le dupliquer. L'idéalisme transcendantal s'est fourvoyé dans cette assertion, puisqu'il a abstrait le « sujet » ou la « conscience » à titre de partenaire du monde, l'élevant au même niveau de complexité, négligeant ainsi l'écart de complexité entre la réalité et sa représentation, entre le monde et l'intention, entre l'« extérieur » et l'« intérieur », ratant par le fait même la fonction de la représentation en tant que production d'ordre au moyen d'une réduction de la complexité.

Tous les processus internes – et c'est en cela que réside le sens de la différence entre « interne » et « externe » – travaillent effectivement à partir d'une complexité réduite et font montre par là de moins de possibilités que leur environnement, donc davantage d'ordre. Ils travaillent de manière sélective dans la mesure où ils recueillent et traitent à titre d'information pour le système les relations pertinentes entre les données environnementales. Ils substituent en cela l'ordre interne de traitement des données à la complexité originellement informe de l'environnement et les problèmes internes servent pour le système de base normale de travail pour son adaptation à l'environnement.

Cette réduction de la complexité par la subjectivisation prend des formes particulières dans le cas de la confiance. Elles peuvent être décrites comme des modifications du niveau auquel l'incertitude est absorbée ou rendue tolérable. Le système substitue la certitude interne à la certitude externe[1] et accroît par là sa tolérance à l'incertitude dans ses relations externes. La problématique de l'écart de complexité par rapport à l'environnement se déplace ainsi partiellement dans les problèmes secondaires de cette certitude interne.

La certitude interne peut émerger de deux manières différentes, à vrai dire opposées ; et en cela réside une garantie élevée qui fait que l'on peut s'attendre de manière certaine que la confiance sera toujours présente en dépit de la diversité des systèmes du point de vue de leur constitution. La certitude interne peut, en premier lieu, reposer sur le fait que l'objet de la confiance remplit une fonction essentielle dans la structure interne du traitement de l'expérience et qu'un ébranlement de la confiance aurait des conséquences importantes pour la confiance en soi. Dans ce cas, cette possibilité ne sera pas autorisée en tant que représentation, puisque cela conduirait à des modifications dans la disposition interne, modifications

▲ 1. Cf. à ce sujet les remarques pertinentes de D. Claessens sur l'émergence de la confiance au sein d'un processus d'auto-délestage généralisant au moyen d'une assurance interne. Seule cette assurance interne permet de supporter les distances et les absences au sein du système social restreint qu'est la famille. Cf. Claessens D., *Familie und Wertsystem. Eine Studie zur « zweiten sozio-kulturellen Geburt » des Menschen*, Berlin, Dunker & Humblot, 1962, p. 91 et s.

pour lesquelles le système ne dispose pas de suffisamment de temps, d'énergie ou de confirmations par l'environnement. À l'inverse, la certitude de la confiance peut reposer sur une plus grande différenciation interne du système, laquelle fait en sorte que le défaut de l'objet de la confiance ne peut causer que des dommages partiels isolables et que cet objet devient remplaçable par substitution d'équivalents fonctionnels. Dans les deux cas, la confiance s'appuie en grande partie sur les fonctions qu'elle exerce pour la mise en ordre intrasystémique du traitement de l'information et non pas de manière immédiate sur les garanties fournies par l'environnement. Cette mise en ordre interne du traitement de l'expérience se substitue ainsi au fondement, en lien avec l'environnement, que peut constituer le caractère « adéquat » de la réduction de la complexité.

Ce fondement interne de la confiance rend plausible un certain style d'attitude confiante par rapport à un objet et, à vrai dire, ce style étant lié au problème de la confiance en général, il entre en scène de manière similaire qu'il s'agisse de la confiance ou de la méfiance. Traduits dans le langage conceptuel de Parsons, celui des *pattern variables*[1], la confiance et la méfiance deviendraient des attitudes *affectives*[2] (non neutres) et *diffuses* (non spécifiques) et, selon la façon dont leur objet est donné, elles seraient des attitudes *particulières* (non universelles) et orientées sur des *propriétés* (et non sur des opérations). Par conséquent, la confiance se rapporte à un objet indépendamment d'intérêts propres et de contextes d'expérience qui lui seraient spécifiques, sans égard pour l'état de choses particulier au sein duquel elle tire sa pertinence. À titre d'exemple caractéristique, on peut citer la confiance en une personne en particulier qui se manifeste chaque fois que l'on rencontre cette personne concrète, cela indépendamment du complexe de rôles qui est en jeu. Mais la confiance dans des complexes opérationnels plus abstraits, celle par exemple dans la valeur de l'argent, présuppose en tant que confiance (à la différence du savoir basé sur l'expérience) une telle objectivation concrète. Ce n'est que par cette médiation que peut être atteint un contrôle symbolique de la confiance, sur lequel nous aurons à revenir bientôt. La confiance n'est donc ni une attitude objective ni une attitude subjective et elle n'est pas une attitude transférable à d'autres objets ou à d'autres personnes qui manifestent de la confiance.

En tant qu'attitude relevant de ce style, la confiance doit être *apprise*, comme tout autre type de généralisation ; nous voyons également ici qu'elle n'est pas simplement une conséquence mécanique d'impressions produites par l'environnement. Les conditions fondamentales de ce processus d'apprentissage sont créées très tôt chez l'enfant. Dans la famille, la première manifestation de confiance trouve sa première confirmation dans

▲ 1. Pour l'élaboration théorique de ce concept, cf. Parsons T., Bales R. F., Shils E. A., *Working Papers in the Sociology of Action*, *op. cit.* et Parsons T., « Pattern Variables Revisited », *American Sociological Review*, 25, 1960, p. 467-483.

▲ 2. Il manque dans la théorie de Parsons la possibilité de différencier entre le sentiment et la volonté. L'expression « affective » doit donc être comprise de manière à englober les deux et à inclure tout autant les attitudes comportementales prioritairement émotionnelles que celles qui relèvent en priorité de la volonté.

l'environnement dont la complexité est fortement réduite à travers des institutions sociales et des manifestations particulières de confiance de la part des membres de la famille[1]. Évidemment, le processus d'apprentissage ne s'arrête pas là. Les situations nouvelles et la rencontre de nouvelles personnes posent toute la vie durant de nouveaux problèmes de confiance. Les formes de préparation en vue des relations amoureuses, en général toutes les sortes de rapprochement entre les personnes et toutes les formes d'approfondissement des relations personnelles, peuvent être interprétées comme étant une mise à l'épreuve et un apprentissage des relations de confiance. Les ordres sociaux différenciés et mobiles posent ici des exigences particulièrement élevées qui ne peuvent être remplies que si, non seulement la confiance, mais aussi l'apprentissage de la confiance peuvent faire l'objet d'un apprentissage, ce qui constitue une partie des fonctions de socialisation qui sont propres à la famille. En outre, on ne fera pas fausse route en posant que les systèmes sociaux doivent également apprendre à faire confiance.

Notre compréhension de ce processus d'apprentissage est loin d'être complète. On peut présumer qu'il ne suffit pas de généraliser de simples expériences faites sur l'environnement, de transposer et d'universaliser les expériences spécifiques aux situations dans lesquelles la confiance n'a pas été déçue. D'une part, ce serait une hypothèse hasardeuse que de considérer les expériences de départ comme étant spécifiques et, d'autre part, cette conception, tout comme en général la théorie béhavioriste de l'apprentissage, n'arrive pas à expliquer comment on en vient à une généralisation, comment l'enfant en arrive à transférer des expériences valables de confiance de la mère au père, à ses frères et à ses sœurs et, finalement, à des étrangers. On doit plutôt prendre pour point de départ le fait que le processus d'apprentissage est médiatisé par les expériences que l'apprenant fait sur lui-même et qu'il est régulé par l'identité en développement de celui-ci (identité qui est donc apprise).

Lorsque l'enfant a constitué son soi propre dans la différence entre le Je et le Tu, il doit désapprendre son premier type de confiance, qui est pratiquement sans motivation, et trouver une forme de confiance qui tienne compte de cette différenciation. Au cours du processus d'apprentissage, la séparation entre le Je et le Tu n'est pas poussée à l'extrême dans le sens d'une différence absolue entre les deux. Le Tu demeure plutôt un « autre Je ». L'apprenant part de lui-même pour tirer des conclusions quant aux autres et il est ainsi en mesure de généraliser ses expériences avec les autres[2]. Parce qu'il se sent prêt à honorer la confiance que lui portent des étrangers, il peut lui-même faire confiance aux autres[3].

▲ 1. Cf. à ce sujet notamment Claessens D., *Familie und Wertsystem*..., *op. cit.*, p. 88 et s.

▲ 2. Cf. à ce sujet Mead G. H., *Mind, Self and Society*, Chicago, The University of Chicago press, 1934 qui souligne l'aspect opposé de l'apprentissage de son propre soi à travers les expériences faites avec les autres. Il s'agit là d'aspects complémentaires d'un processus unitaire.

▲ 3. Cf. à ce sujet l'hypothèse avancée par Deutsch M., « Trust and Suspicion », art. cité, p. 278 et s. d'une corrélation statistique entre la disposition à la confiance et le fait d'être digne de

Finalement, la nature précaire de la confiance s'exprime dans la manière dont elle est projetée en retour au sein de l'environnement. Les personnes et les institutions sociales auxquelles on accorde sa confiance acquièrent par là le statut de *complexes symboliques*, lesquels sont particulièrement sensibles aux perturbations et, en même temps, enregistrent chaque événement sous l'angle de la question de la confiance. Dans le cadre du problème de la confiance, tout ce qui arrive se voit ainsi accorder une importance à titre de symptôme. Des événements isolés acquièrent, comme s'il s'agissait de tests, une signification déterminante pour l'ensemble : un mensonge peut détruire la confiance dans son ensemble et, en raison de leur valeur de symbole, des erreurs minimes et des fautes de présentation peuvent, souvent avec une acuité implacable, démasquer le « vrai caractère ». Dans cette fragilité de la confiance se reflète la nécessité de la généralisation, cette tension qui se révèle lorsqu'il devient *inévitable* de se donner une image *simplifiée* de l'environnement.

La description des relations entre les membres du Congrès et les fonctionnaires lors de la préparation du budget fédéral américain[1] en est un bon exemple. Le fonctionnement réel de l'administration publique est beaucoup trop complexe pour que les membres du Congrès puissent en avoir une vue générale et pour qu'ils puissent l'évaluer. Ils ne peuvent agir sans avoir confiance dans l'intégrité personnelle des fonctionnaires qui maîtrisent les détails. En pratique, les représentants ne contrôlent donc pas en pratique les faits, mais seulement leur confiance et ce n'est qu'à travers celle-ci qu'ils peuvent contrôler les faits. Et, sous cette contrainte, au moindre signe de malhonnêteté, ils réagissent avec une grande intensité émotionnelle en retirant leur confiance ou encore au moyen d'autres sanctions.

Celui qui fait confiance doit donc garder le contrôle sur sa propre acceptation des risques inhérents. Il doit, ne serait-ce que pour se rassurer lui-même, clarifier le fait qu'il n'accorde pas sa confiance sans condition, mais qu'il le fait dans les limites et selon les critères propres à certaines attentes rationnelles. C'est là une partie intégrante de la structure motivationnelle qui rend possible la confiance et cela se produit du fait que celui qui accorde sa confiance rend son objet plus facilement atteignable à l'aide de symboles liés au caractère de celui qui est digne de confiance.

La manière et la direction selon lesquelles la sensibilité de la confiance aux perturbations symboliquement médiatisées peuvent évidemment varier dans chaque cas. Mais le principe demeure le même : puisque la réalité est trop complexe pour être contrôlée réellement, c'est la confiance qui fait l'objet d'un contrôle au moyen d'implications symboliques, et c'est à cela que sert un appareillage grossièrement simplifié d'indices qui, à la manière d'une boucle de rétroaction, renvoie constamment des informations qui servent à déterminer s'il est légitime ou non de maintenir sa confiance.

---

confiance, hypothèse qui sous-tend ces interprétations du processus d'apprentissage. Pour un point de vue critique, cf. Roos L. L. Jr., « Toward a Theory of Cooperation-Experiments Using Non zero-sum Games », *Journal of Social Psychology*, 69, 1966, p. 277-289.

▲ 1. Cf. Wildavsky A., *The Politics of the Budgetary Process*, Boston-Toronto, Little Brown, 1964.

Ce ne sont pas toutes les informations qui ébranlent ou détruisent ainsi la confiance. La personne en qui l'on a confiance jouit d'un certain crédit dans les cadres duquel les expériences défavorables peuvent être réinterprétées ou encore absorbées. Comme nous l'expliquerons plus particulièrement en ce qui concerne la délimitation entre la confiance et la méfiance (chap. X), cette personne est contrôlée au moyen de seuils qu'elle ne peut franchir dans son comportement sans qu'on lui retire la confiance qu'on lui porte. Le contrôle à l'aide de seuils diffère essentiellement dans son style, sa technique et son élasticité du contrôle au moyen de fins déterminées, de normes ou de valeurs[1]. Avec des moyens plus simples, il peut tolérer une complexité plus élevée, mais il présuppose que les seuils, donc les modes de comportement déterminants pour la confiance, soient définis et connus d'une manière suffisamment claire.

Il est par ailleurs caractéristique de ce mode de fonctionnement au moyen d'un contrôle symbolique que celui-ci opère dans l'indéterminé et sans discussion. Il procède en grande partie à l'aide de conclusions qui ne sont pas partagées et qui, par conséquent, n'ont pas non plus à être expliquées ni justifiées. Il n'est donc pas pertinent pour le témoignage ou le retrait de la confiance que cela se fasse au moyen d'une articulation très précise des raisons et des points de vue[2]. Une telle articulation n'est pas non plus essentielle à celui qui cherche la confiance ; elle peut même devenir un facteur de perturbation et finir par susciter la méfiance. Car il est contraire à la fonction et au style de la confiance d'exiger ou de fournir des informations factuelles détaillées et des preuves objectives, bien que la possibilité d'une telle explication puisse être suggérée. L'expert peut constituer un danger pour le politicien et ses arguments s'il se met à argumenter dans le même sens. Car plus le politicien fournit des arguments, moins il est nécessaire d'avoir confiance en lui et plus il devient indifférent de savoir *qui* réalise le programme. Ou encore lorsque la question de la confiance demeure tout de même réelle, l'accumulation des arguments trahit une incertitude qui provoque le retrait de la confiance.

L'ensemble de ces trois composantes structurelles des relations de confiance (la substitution d'une mise en ordre interne et de sa problématique à une mise en ordre externe plus complexe et à sa problématique, le besoin d'apprentissage et le contrôle symbolique) confirme notre hypothèse selon laquelle il en va dans la confiance d'une réduction de la complexité et, en particulier, de celle que la liberté de l'autre fait surgir dans le monde. La confiance possède une fonction pour la saisie et la réduction de cette complexité.

Les propositions fonctionnalistes d'après le modèle « A possède une fonction pour B » s'apparentent à des connaissances et peuvent facilement nous conduire faussement à arrêter là nos recherches. Rien ne serait plus

▲ 1. G. Vickers y fait également référence. Cf. Vickers G., *The Art of Judgment: A Study of Policy Making*, London, Basic Books, 1965, p. 34.

▲ 2. C'est ce que souligne également Hauke H., *Die anthropologische Funktion des Vertrauens. Seine Bedeutung für die Erziehung*, Diss. Tübingen, 1956, p. 52 et s.

dangereux. Leur valeur épistémologique ne résulte que de leur mise en relation avec d'autres propositions construites de manière similaire. À y regarder de plus près, on s'aperçoit que le concept de confiance ne fournit nullement une solution attestée à un problème qu'il suffirait de mettre en œuvre pour éliminer ce problème. Il en va au contraire d'une formule de substitution pour le problème originaire de la complexité. La confiance est et demeure de toute manière un problème. La complexité est un risque inévitable. Considérant l'inévitabilité de ce risque, la forme qu'il prend est déterminante. Dans la majorité des cas, les systèmes peuvent plus facilement supporter les risques inhérents à la confiance. Mais la question demeure : à quelles conditions et au prix de quels problèmes secondaires ?

Chapitre V
L'information extrapolée et les possibilités de sanction

La confiance repose sur l'illusion. À vrai dire, la quantité d'information dont on dispose est inférieure à celle dont on aurait besoin pour agir avec un succès garanti. Celui qui agit se détourne volontairement de l'information manquante. Dans le chapitre précédent, nous avons esquissé la manière dont cela se produit : par un déplacement partiel de la problématique de l'externe vers l'interne et par son traitement à l'aide des moyens internes, soit l'apprentissage et le contrôle symbolique. Ce résultat sur le plan de la connaissance peut être formulé de manière abstraite au moyen de la théorie générale des systèmes, propre à la cybernétique, théorie qui prétend valoir autant pour les systèmes personnels que pour les systèmes sociaux d'action (ainsi du reste que pour les organismes et les machines).

Le monde objectif est d'une complexité plus élevée que le système ; il contient davantage de possibilités que celles qui peuvent être prévues et réalisées au sein du système lui-même. En ce sens, le système présente un niveau d'ordre plus élevé (moins de possibilités, une variété réduite) que le monde. Comme nous l'avons déjà montré, le système compense cette infériorité sur le plan de la complexité par une projection « subjective » du monde. Cela signifie que le système interprète le monde de manière sélective, extrapole l'information qu'il possède, réduit l'extrême complexité du monde à un domaine dans lequel il peut s'orienter de manière sensée et ce n'est que de cette façon qu'il acquiert les possibilités structurées pour sa propre existence et son propre comportement. La réduction peut déboucher sur un accord intersubjectif et conduire alors à des connaissances socialement garanties et qui, pour cette raison, sont expérimentées comme « vraies »[1]. La réduction peut également être assurée au moyen de proces-

▲ 1. Les standards méthodologiques qui garantissent l'objectivité des sciences positives, spec. la réduction à des perceptions simples et à des connaissances qui peuvent être acquises au moyen d'opérations réitérables, ont finalement pour sens de garantir la transmissibilité intersubjective du savoir. Elles servent à exclure du domaine de la connaissance véritable la

sus internes au système que nous expliquerons plus en détail dans le chapitre consacré à la disposition à la confiance. Dans ce cas, le système remplace l'information externe par l'information interne ou par les prémisses structurantes de son propre traitement de l'expérience, prémisses qu'il a apprises. À l'instar de Karl Deutsch[1], on peut désigner du nom de « volonté » une telle substitution des fondements externes de l'expérience par des fondements internes. La confiance est en ce sens une opération de la volonté.

Cela ne signifie pas que cette opération puisse se réaliser en l'absence de tout rapport avec l'environnement, donc d'une manière similaire quel que soit l'environnement. Au contraire, les structures de l'environnement, en particulier celles de l'ordre social, importent pour savoir si et sous quelle forme la confiance peut se répandre. Nous devons maintenant considérer de manière plus précise sous quelles conditions de certitude peut survenir cette auto-assurance, c'est-à-dire le fait de compléter l'information par la volonté.

Cette opération - des cas extrêmes sont imaginables - peut découler de conditions purement internes et alors elle conduit à une sorte de confiance pathologique accordée sans égard aux partenaires, aux situations et aux circonstances. En général, celui qui fait confiance cherche des points d'appui objectifs, du moins au sein de sa projection subjective du monde, pour déterminer si sa confiance est justifiée ou non. On peut difficilement faire confiance en l'absence de toute information préalable. La confiance est de l'information extrapolée, elle repose donc sur le fait que celui qui fait confiance est déjà au fait de certaines caractéristiques générales, qu'il est déjà informé, même si ce n'est que superficiellement, de manière incomplète et insuffisante.

Les points d'appui sur lesquels se forme la confiance n'éliminent pas le risque, ils ne font que le réduire. Ils ne fournissent pas une information complète sur le comportement attendu de la personne envers qui la confiance doit se porter. Ils ne servent que de tremplin pour effectuer un saut dans l'incertitude qui est toujours structurée et limitée. On ne doit donc pas assumer que la recherche empirique sera en mesure de dévoiler des relations fortement régulées entre les bases de la confiance en tant que causes et les témoignages de confiance en tant qu'effets. Mais des corrélations statistiques sont à supposer[2], puisque l'on peut poser au départ qu'il est plus probable en moyenne que la confiance sera honorée lorsque certaines conditions sont remplies. Le présent chapitre est consacré à ces conditions.

---

complexité sociale et la diversité des sujets individuels et de leurs perspectives sur le monde. Elles possèdent donc la même fonction que la confiance : la réduction de la complexité sociale.

▲ 1. Cf. Deutsch K., *The Nerves of Government: Models of Political Communication and Control*, New York-London, Free Press, 1963, p. 105 et s. Cf. également le concept similaire d'« autonomie » chez Kidd J. L., « A New Look at System Research and Analysis », *Human Factors*, 4, 1962, p. 209-216.

▲ 2. En tant que première avancée dans cette direction, cf. Deutsch M., « Trust and Suspicion », art. cité. Cf. également chez R. L. Kahn et ses collègues la thèse générale selon laquelle le manque de clarté et la polysémie d'une situation mettent en péril les relations de confiance. Cf. Kahn R. L., Wolfe D. P., Quinn R. P., Snoek D. J., *Organizational Stress: Studies in Role Conflict and Ambiguity*, New York, Wiley, 1964. Cf. en outre la note 1, p. 98.

Dans quelle direction générale devra-t-on rechercher les points d'appui servant à la formation de la confiance ?

Il ne fait aucun doute que la familiarité de la personne envers qui la confiance doit se porter constitue un facteur essentiel. On est plus enclin à faire confiance à ce qui nous est familier qu'à ce qui nous est étranger. Mais on ne doit pas non plus surestimer cette perspective. La plupart du temps une familiarité étroite fait en sorte que le problème de la confiance ne devient pas le thème de réflexions particulières. Mais lorsque c'est le cas, la réflexion rompt la familiarité dans son caractère d'évidence. Un abîme d'inconnu s'ouvre alors, même à l'égard de ce qui nous est le plus proche, qui est alors repoussé par le doute dans une étonnante étrangeté. On se met alors à la recherche d'autres fondements de la confiance qui soient en mesure de résister à la réflexion.

Celui qui est confronté à la question de la confiance et qui ne peut connaître les actions futures de son partenaire peut s'appuyer sur la structure motivationnelle de celui-ci. Il lui semblera important, d'une part, de savoir sur quel calcul de profit et de perte peut s'appuyer son partenaire dans le cas où il lui fait confiance. Une rupture de la confiance lui apporterait-elle de grands avantages, particulièrement attirants ? D'autre part, la possibilité qui lui est offerte de pouvoir influencer (incluant les « coûts » d'une telle influence) le destin futur de son partenaire prend de l'importance pour lui[1]. En cela, l'influence que l'on peut avoir, et avec laquelle le partenaire doit compter, peut modifier le calcul de profit et de perte de celui-ci et, dans cette mesure, il s'agit là du point de vue dominant. Au moyen d'une influence future, celui qui accorde sa confiance peut sanctionner une éventuelle rupture de la confiance et il peut, lorsqu'il est prévisible que cette possibilité se présentera, compter sur le fait que son partenaire la prendra également en considération lorsqu'il réfléchira à la possibilité d'une rupture de la confiance et que ce calcul l'en éloignera. L'ordre juridique, qui assure un haut niveau de certitude à certaines attentes ainsi qu'aux possibilités de sanction, constitue une base indispensable pour ce genre de réflexion à long terme et il déleste d'une partie du risque lié au fait d'accorder sa confiance[2].

Ce n'est toutefois qu'au sein de systèmes sociaux très simples, qui connaissent à peine les problèmes structurels et qui sont si restreints que tous les participants sont familiers les uns aux autres, qu'il est possible de se rapprocher d'une congruence entre le droit et la confiance. Dans de tels systèmes, on s'attend à ce que la confiance soit accordée et la méfiance devient un affront, en tant que violation des règles de la vie commune et,

▲ 1. Cela est confirmé expérimentalement par Deutsch M., « Trust and Suspicion », art. cité, Solomon L., « The Influence of Some Types of Power Relationship and Game Strategies on the Development of Interpersonal Trust », *The Journal of Abnormal and Social Psychology*, 61, 1960, p. 223-230 et, appliqué particulièrement aux possibilités de sanction, Evans G., « Effect of Unilateral Promise and Value of Rewards upon Cooperation and Trust », *The Journal of Abnormal and Social Psychology*, 69, 1964, p. 587-590.

▲ 2. Lorsque, de temps à autre, on affirme que le droit *remplace* la confiance, il ne peut être fait référence qu'à ce *délestage*. Cf. par. exemple Darmstädter F., « Recht und Jurist », *Süddeutsche Juristen-Zeitung*, 3, 1948, p. 433 et s.

donc, du droit propre au système et, en tant que corollaire, la rupture d'une confiance exigée et témoignée est sanctionnée comme contraire au droit. Dans de telles circonstances, celui qui fait preuve de méfiance ne peut exprimer ses sentiments et ses appréhensions sans s'isoler socialement. Cela signifie que le droit élémentaire de ce système le conduit sur la voie d'une confiance typiquement sociale. Cette forme de confiance est peut-être au fondement de toute formation du droit, à la base, par exemple, de l'émergence de la forme juridique du contrat. Il demeure que, dans les systèmes simples, le droit et la confiance ne peuvent être séparés en tant que mécanismes.

Dans l'ensemble des ordres sociaux plus fortement différenciés et plus complexes, une séparation du droit et de la confiance devient au contraire inévitable : les risques sont individualisés et le fait de témoigner sa confiance n'est plus soumis avec la même intensité à des exigences et à un contrôle social. On accorde alors à celui qui a trahi la confiance la possibilité de s'expliquer et de fournir des raisons qui pourraient l'en excuser. Au niveau de la société en particulier, les faits et les normes juridiques sont maintenant trop différenciés et la confiance constitue une exigence sociale beaucoup trop diffuse et générale pour que la confiance et le droit puissent coïncider. Enfin, ils se séparent également sur le plan de leurs bases motivationnelles. Le respect du droit ne peut y être motivé en fin de compte que d'une manière indirecte et impersonnelle et il ne peut être garanti qu'à l'aide d'un « moyen ultime », soit la violence physique. La confiance repose au contraire sur des sources de motivation d'un autre ordre, comme la disposition personnelle au risque ou l'épreuve concrète. À mesure que l'ordre social se différencie et se complexifie, il rend possible un plus grand nombre de possibilités d'expérience et d'action. L'ordre social doit alors différencier également les mécanismes de réduction de la complexité, les configurer d'une manière plus spécifique et s'en servir plus efficacement. Considérant les problèmes sociaux qui doivent alors être résolus, une parfaite correspondance entre le droit et la confiance ne serait plus rationnelle.

En ce qui concerne en particulier l'institution juridique du contrat, qui s'est formée par une simple déclaration de volontés, le principe de la confiance est reformulé de manière à être juridiquement maniable et autonomisé à un point tel qu'il ne puisse plus y jouer un rôle en tant que fait ou en tant que fondement de la validité. Les prétentions peuvent être fondées directement sur le contrat et il devient non pertinent de savoir si quelqu'un a fait les premiers pas et de qui il s'agit. La confiance dans les contrats exige précisément que le déroulement de ceux-ci soit indépendant de l'examen de la question de savoir si, dans les faits, quelqu'un a fait confiance à un autre et de qui il s'agit.

La doctrine juridique permet également de saisir la différenciation entre le droit et la confiance. Il n'est plus possible aujourd'hui de remarquer à quel point le droit en général provient de faits liés à la confiance, du moins l'appareil conceptuel juridique ne le reflète-t-il pas adéquatement. Il existe certes de nombreuses institutions juridiques rassemblées sous le concept de

« préservation de la confiance ». Mais il s'agit là de phénomènes épars, d'une très grande diversité, qui se sont développés isolément pour n'être intégrés à la doctrine que par la suite : nommons, à titre d'exemples, la confiance dans des faits fondés sur l'« apparence de droit » comme la propriété et les titres ; la confiance dans l'exactitude et la complétude d'une affirmation dans la conclusion d'un contrat ordinaire ; la confiance dans le fait qu'on ne mésusera pas d'un pouvoir légal délégué, dans le cas, par exemple, d'une procuration, et, à l'inverse, la confiance dans le fait que le mandataire est réellement investi du pouvoir qu'il représente ; la confiance dans l'exactitude des affirmations et, inversement, celle dans le fait que les indiscrétions resteront sous silence ; la confiance dans la continuation des services publics ou des autorisations qui sont le fait d'un acte de l'autorité, et bien d'autres encore[1]. Rassembler ainsi ces idées juridiques sous l'angle de la préservation de la confiance a en soi quelque chose d'incomplet, de contingent et, partant, d'insatisfaisant. Les figures de la doctrine juridique qui en appellent exclusivement à la confiance sont en partie issues de constructions *a posteriori* sur la base d'idées juridiques plus anciennes et en partie de phénomènes apparus tardivement au sein de sphères juridiques déjà consolidées, phénomènes qui ont dû s'imposer face aux concepts et principes existants, cela au moyen d'un nouvel argument, dont le fondement relève de l'éthique, celui notamment de la « préservation de la confiance ». C'est la raison pour laquelle l'ordre juridique doit s'imposer des limites dans l'application du principe de la confiance, cela afin de ne pas fragiliser des constructions mieux formulées. Sinon, on en vient à des aberrations non contrôlées, à des constructions parallèles superflues, à des fondements indifférenciés et, surtout, à une érosion par la justice de la séparation des pouvoirs par le biais de la préservation de la confiance dans le cas d'actes contraires à la loi. Cette différenciation de la confiance, du droit et de la préservation de la confiance sujette à une violation de la loi est le résultat d'une longue évolution dont l'origine n'est pas aisée à découvrir. En vérité, l'idée de confiance est au fondement de l'ensemble du droit et fonde le fait général de s'en remettre aux autres tout comme, à l'inverse, la démonstration de confiance ne peut se faire que sur le fond d'une diminution des risques au moyen du droit.

Et pourtant cet état de la doctrine juridique n'est pas un accident historique. Il révèle plutôt la distance qu'a prise entre-temps le droit par rapport à l'idée de confiance. Il démontre la différenciation des deux mécanismes. Cette différenciation exige que la confiance et le droit opèrent dans une

▲ 1. On dispose maintenant, grâce à C.-W. Canaris, d'un survol exhaustif des phénomènes du droit privé où la particularité de la préservation de la confiance est bien définie par rapport à la responsabilité découlant de sanctions légales. Cf. Canaris C.-W., *Die Vertrauenshaftung im deutschen Privatrecht*, Munich, Beck, 1971. Cf. également Eichler H., *Die Rechtslehre vom Vertrauen. Privatrechtliche Untersuchungen über den Schutz des Vertrauens*, Tübingen, Mohr, 1950 ; Lenz K.-H., *Das Vertrauensschutzprinzip*, Berlin, de Gruyter, 1968 ; Craushaar G. (von), *Der Einfluß des Vertrauens auf die Privatrechtsbildung*, München, Beck, 1969 ; et, particulièrement en référence au droit public, Mainka J., *Vertrauensschutz im öffentlichen Recht*, Bonn, Röhrscheid, 1963 ; Ossenbühl F., « Vertrauensschutz im sozialen Rechtsstaat », *Die öffentliche Verwaltung*, 25, 1972, p. 25-36.

large mesure *indépendamment* l'un de l'autre, qu'ils ne soient plus liés que par leurs conditions *générales* de possibilité et qu'ils ne se coordonnent qu'*au besoin* dans des cas particuliers qui revêtent une certaine importance. Cela peut être démontré non seulement en ce qui concerne le droit, mais également dans le cas de la confiance. Et, à y regarder de plus près, il appert dans ce cas-ci également que la confiance ne peut être réduite à la confiance dans le droit et en ses possibilités de sanction.

Certes, nous avons vu que, dans les cas de rupture de la confiance, l'état du droit et les possibilités de sanction offrent un certain appui lorsqu'on doit décider de maintenir ou non sa confiance. Ils permettent de connaître d'avance les conditions à partir desquelles celui à qui on a fait confiance se décidera de manière rationnelle. Que le partenaire calcule réellement son avantage en fonction du droit ou des sanctions, cela ne change rien. L'argument ne repose pas directement sur ce calcul, mais sur sa prise en compte préalable de la part de celui qui accorde sa confiance. Cette prise en compte déploie son effet de manière tacite, sans empoisonner la relation par la menace de sanctions, ce qui détruirait la confiance naissante. Par une telle supposition, celui qui accorde sa confiance peut ne pas rendre justice à son partenaire qui ne pense pas encore briser la confiance qui lui est portée ou qui n'y pensera peut-être même jamais. Il peut également se fourvoyer en supposant que son partenaire se laissera intimider par la perspective de sanctions. C'est pourquoi le calcul ne peut se faire conjointement ni devenir objet de communication entre les partenaires. Il est capital pour la structure de la relation de confiance que ce calcul demeure latent et qu'il ne déploie son effet généralisateur que dans le secret, simplement à titre de considération sécurisante. Dans le comportement qu'il manifeste ouvertement, celui qui fait confiance doit démontrer qu'il fait « pleinement confiance » ; sinon, il sèmerait lui-même les germes qui feraient croître, par la suite, une méfiance réciproque, récoltant ainsi précisément ce qu'il souhaite éviter. C'est pourquoi le calcul des probabilités est largement indépendant de la structure motivationnelle réelle, donc également de l'information relative à cette structure ; et c'est précisément au moyen de cette forme simplifiée, de cette réduction à une généralité ultime que le calcul peut générer une certitude et donner lieu à une réduction supplémentaire de la complexité au moyen d'un témoignage de confiance.

Cette délicatesse dans les rapports humains, ce tact dans la présentation, cette subtilité du comportement – les fanatiques d'une éthique de la vérité pourraient très bien parler d'illusion et de tromperie – doivent être présupposés lorsqu'on se demande comment des structures objectives peuvent, du fait qu'elles ouvrent des possibilités de sanctions réciproques, se transformer en confiance. En faisant référence à des sanctions, une interdépendance de besoins peut être créée de toutes pièces, interdépendance qui n'existait pas auparavant ou encore qui n'était pas révélée. Cela est particulièrement vrai des menaces de sanctions négatives, mais cela vaut également pour la promesse de bénéfices profitables ou d'une aide quelconque, sur lesquels le partenaire ne pouvait d'abord compter. Précisément parce qu'elles ne peuvent faire l'objet d'une attente, ce genre d'interdépendances artificielles présupposent des communications explicites et elles créent, comme nous l'avons montré, un climat défavorable à la confiance au sein de la relation.

Il en va autrement lorsque de telles interdépendances existent déjà, lorsqu'elles peuvent être supposées connues, lorsque les participants vivent au sein d'un système qui leur est familier, sur lequel ils n'ont pas besoin de discourir et qui fonde implicitement toute communication à titre de fondement quotidien de toute entente. Dans ce cas, les participants savent qu'ils se rencontreront à nouveau et qu'ils deviendront dépendants l'un de l'autre dans des circonstances qu'ils ne peuvent prédire exactement et qui favoriseront tantôt l'un, tantôt l'autre. Et ils savent que leurs partenaires évaluent la situation de la même manière.

Les rapports sociaux ainsi structurés, c'est-à-dire ceux qui sont caractérisés par une relative durée dans les relations, par des dépendances variables et qui contiennent un moment d'imprévisibilité, de tels rapports sociaux fournissent une base favorable pour l'établissement de relations de confiance. Une loi règne : celle de devoir se revoir. Les participants doivent demeurer capables de se regarder dans les yeux. Cela rend difficiles les ruptures de la confiance, du moins ceux qu'on ne peut dissimuler ou qu'on ne peut justifier par des raisons valables. Il semble donc que les systèmes sociaux qui, par leur structure d'interdépendances internes, dépendent dans une certaine mesure de la confiance réciproque, créent en même temps des conditions plus favorables à l'émergence de la confiance. C'est dire que les possibilités de sanction possèdent un effet généralisateur non seulement dans le cadre des rapports hiérarchiques, mais aussi dans celui des relations entre égaux : elles stabilisent l'interaction au moyen de l'anticipation des possibilités extrêmes.

Outre cet aspect manifeste de structuration des motivations et, donc, de diminution des incertitudes, les possibilités de sanction possèdent une fonction latente essentielle à la formation de la confiance : elles structurent l'imputation de la faute et, partant, le risque de réprobation sociale et de condamnation. La distribution des possibilités de sanction socialement admises indique en même temps de quel côté les tiers se rangeront dans le cas d'une rupture de la confiance, si et dans quelle mesure ils considéreront coupable celui qui aura rompu le lien de confiance ou encore naïf ou inconséquent celui qui lui avait accordé sa confiance. Si celui qui accorde sa confiance se départit involontairement de ses possibilités de sanction, il perd du même coup la possibilité de diriger à son avantage l'imputation de la faute et les reproches s'adressent alors à lui-même. Si je demande à un inconnu d'apporter ma montre en or chez le bijoutier pour la faire réparer, ce n'est pas seulement la montre que je perds si cet inconnu brise la confiance que je lui ai accordée, mais c'est la considération sociale. Il en va tout autrement si je demande à un inconnu de m'aider à sortir des choses de ma maison qui est en feu et qu'il me vole des objets. En général, on peut observer qu'il existe une morale de l'imputation de la faute, qui va au-delà du droit consigné, qui est plutôt subtile et qui pose des distinctions tout en étant prévisible ; son jugement varie avant tout selon que le contrôle de la situation a été abandonné par nécessité ou par incurie. La typicité et la prévisibilité de telles imputations de culpabilité constituent de toute manière un auxiliaire essentiel dans la décision ou non d'accorder sa confiance. Elles permettent à celui qui accorde sa confiance de prévoir s'il ne risque que des dommages ou le ridicule.

Considérer ces hypothèses à la lumière du problème de l'information, avec lequel nous avons introduit ce chapitre, nous permettra de dévoiler en elles un autre aspect. Le problème de l'information, qui est au fondement de la nécessité de la confiance, ne peut être résolu directement. On peut posséder une information complète et suffisante à propos du comportement futur d'autrui. Mais il est possible de transférer cette problématique dans un autre domaine, dans lequel on pourra mieux la maîtriser. Plutôt que de chercher de l'information sur le comportement futur d'autrui, on peut s'informer sur certaines caractéristiques structurelles du système social dans lequel on vit et acquérir ainsi les appuis nécessaires à la formation de la confiance qui permet de surmonter le manque d'information. Ici, comme en de nombreux rapports fonctionnels, la structure réduit le besoin en information.

Chapitre VI

La confiance personnelle

On ne peut faire confiance au chaos. Il est impossible de procéder à des généralisations si rien n'est relié à rien ou encore si tout est relié à tout. En d'autres termes, un système ne peut à lui seul procéder à des généralisations ni accorder sa confiance. De telles opérations supposent en effet un environnement possédant déjà une structure, même si celle-ci ne possède pas le même degré d'ordre, la même limitation des possibilités que le système lui-même. Mais la structure de l'environnement ne signifie ici rien d'autre que l'existence d'autres systèmes au sein de l'environnement.

Ce n'est qu'à travers l'existence d'autres systèmes d'un genre précis, c'est-à-dire des hommes, qu'émerge dans le monde cette extension de la complexité à laquelle la confiance est liée : la liberté d'action. Il n'est donc pas surprenant que la confiance s'adresse d'abord et avant tout à un autre homme, dans la mesure où on le considère en tant que personnalité, en tant que centre ordonnateur – et non arbitraire – d'un système d'actions, avec lequel il est possible de s'entendre. La confiance est alors l'attente généralisée que l'autre fera usage de sa liberté, du potentiel inquiétant de ses possibilités d'action, dans le sens de sa personnalité ou, plus précisément, dans le sens de la personnalité qu'il a présentée et manifestée socialement comme sienne[1]. Est digne de confiance celui qui est fidèle à ce qu'il a communiqué sur lui-même, consciemment ou non.

En effet, outre son rapport de sens immédiat à une situation et à une finalité, toute action socialement reconnaissable est en même temps une auto-présentation de l'acteur sous l'angle de la question de savoir s'il est digne de confiance ou non. Que l'acteur ait ou non à l'esprit cette perspective, qu'il en fasse la fin de son action ou encore qu'il agisse consciem-

▲ 1. Comme j'ai tenté de le montrer dans un autre contexte, la conscience morale sert de centre de commandement interne pour cette réduction du potentiel d'action à la mesure de la personnalité propre. Cf. Luhmann N., « Die Gewissensfreiheit und das Gewissen », *Archiv des öffentlichen Rechts*, 90, 1965, p. 257-286. On pourrait aussi affirmer que c'est fondamentalement au fonctionnement de la conscience morale que l'on accorde sa confiance. Cela expliquerait le sens à la fois individualisant et socialisant de la conscience morale.

ment à l'encontre de celle-ci, il reste que la question de la confiance pèse sur chaque interaction et que l'auto-présentation est le moyen par lequel une décision est prise à ce sujet. Tout acteur est perçu par ceux qui l'observent non seulement comme un processus causal par lequel des causes produisent leurs effets, mais en même temps, en fonction d'un contrôle généralisant de ce processus, comme un complexe de symboles. L'acteur le sent et il connaît les implications symboliques et la valeur expressive de ses actions et de ses omissions souvent beaucoup mieux que leurs effets et, consciemment ou non, c'est sur cela qu'il règle son comportement[1]. Ses motifs peuvent être divers. Il peut s'agir pour lui d'apparaître comme étant digne de confiance ; il peut être préoccupé de rester fidèle à lui-même et de vivre de manière à ce qu'il se respecte lui-même ; il peut agir de manière spontanée, se laissant guider par les situations, et ainsi agir de manière socialement naïve dans la mesure où il laisse fonctionner sa personnalité en tant que mécanisme de sélection inconscient[2]. Peu importe la diversité de ses structures de motivations, on aboutit au même résultat, à une auto-présentation sélective qui offre aux autres des bases pour la formation de la confiance et la normalisation des attentes de continuité. C'est aussi pour cette raison que la création des fondements de la confiance au sein de l'ordre social se trouve dans une large mesure assurée indépendamment des fluctuations et de la diversité des motivations des individus.

Puisque toute communication et, à vrai dire, tout comportement public révèle quelque chose sur son auteur, la communication – et même le simple fait d'être vu – constitue une entreprise risquée qui nécessite des garanties. Par son comportement, l'individu en révèle davantage sur lui-même qu'il le voudrait et plus que ce qu'il est en mesure de faire concorder avec son soi idéal. Le simple fait d'apparaître en public suppose un degré minimal de confiance, celle, notamment, dans le fait qu'on ne sera pas mal interprété, mais qu'on sera à peu près perçu comme on souhaite l'être. Il y a des gens qui ressentent de manière si forte cette condition de la confiance que le simple fait d'être en présence d'autres personnes et que tout agir dans ces circonstances leur pose des difficultés. Leur incapacité à faire confiance limite également leur possibilité d'attirer la confiance. Le potentiel d'action

▲ 1. Cf. notamment Goffman E., *The Presentation of Self in Everyday Life*, *op. cit.* ; « On Face Work », *Psychiatry*, 18, 1955, p. 213-231.

▲ 2. Une telle spontanéité socialement naïve suppose naturellement un haut degré de confiance de la part de l'acteur en ceux qui l'observent ou, si l'on veut, une confiance dans leur confiance, et cela n'est possible qu'au sein d'un consensus social à maillage serré. Pour des remarques en ce sens, cf. Burns T., « Friends, enemies, and the polite fiction », *American Sociological Review*, 18, 1953, p. 662 ; Blau P. M., *Exchange and Power in Social Life*, New York-Londres-Sydney, Wiley, 1964, p. 60 et s., et notamment p. 75 ; Luhmann N., « Spontane Ordnungsbildung », *in* Morstein Marx F., Hrsg., *Verwaltung: Eine einführende Darstellung*, Berlin, Duncker & Humblot, 1965, p. 169 et s. et Goffman E., « Alienation from Interaction », *Human Relations*, 10, 1957, p. 47-59 au sujet des dangers particuliers propres à un comportement irréfléchi en une situation donnée. La recherche sociométrique part également de cette idée fondamentale et cherche à favoriser la spontanéité par des regroupements à fort consensus et riches en confiance. Cf. à ce sujet Jennings H. H., *Leadership and Isolation. A Study of Personality in Interpersonal Relations*, New York-London-Toronto, Longmans, Green & Co. 1950, p. 320 et s.

croît dans la même mesure que la confiance, celle dans son auto-présentation et dans l'interprétation que les autres en font. Cette confiance rend possibles de nouveaux modes de comportement : l'humour, des initiatives non conventionnelles[1], des duretés, l'utilisation de raccourcis dans l'expression, des silences bien placés, le choix de thèmes osés, etc. Un capital de confiance s'accumule lorsque la confiance se confirme à travers ces modes.

Les fondements de la confiance dans une société, du moins en ce qui concerne la confiance personnelle, se régulent selon les possibilités et les conditions de l'auto-présentation, les problèmes tactiques de celle-ci et les dangers qu'elle présente. Ce mécanisme transforme les conditions socioculturelles en sources de confiance. Il ne peut donc pas être appréhendé et compris simplement en tant que stratégie personnelle, à la manière de Goffmann. La référence systémique de la personnalité individuelle n'est que l'une des références possibles qui s'offrent à l'analyse fonctionnelle. D'un autre côté, le moment de la stratégie est une composante essentielle de l'ensemble, et le degré de fonctionnalisation consciente ou perceptible de l'auto-présentation, le degré de sensibilisation psychologique et l'ampleur de la disposition à une coopération pleine de tact à des auto-présentations délicates constituent une variable essentielle de l'état de la confiance propre à une société. Elle donne le style dans lequel la confiance personnelle peut être acquise et maintenue.

Il n'est pas possible de présenter ici la totalité des phénomènes qui appartiennent à cet ensemble. Il ne saurait pas même être question d'en fournir un tour d'horizon classificatoire. Quelques exemples d'analyses brèves devraient suffire. Nous limitant à la perspective de l'apprentissage et faisant abstraction des problèmes de la socialisation de l'enfant qui ont fait l'objet de tant de recherches, nous questionnerons certaines des conditions sociales qui facilitent la formation de relations de confiance.

La question de l'émergence et de la consolidation de la confiance personnelle nous donne la possibilité de transposer dans la dimension temporelle le problème de la réduction de la complexité que nous avons formulé de manière abstraite et de montrer ainsi qu'il peut être résolu *d'une manière graduelle* par la formation de relations de confiance. Le « principe des petits pas »[2] remplace des formes plus simples d'adaptation à l'environnement là où l'environnement agit lui aussi de manière contingente ou encore là où il est trop complexe pour une adaptation instantanée. Pour cela, un système a besoin de temps.

▲ 1. On en trouvera un exemple dans les remarques de Guest R. H., *Organizational Change: The Effect of Successful Leadership*, Homewood, Ill., Dorsey Press, 1962, p. 82 et s., selon lesquelles les initiatives de la base s'accroissent également lorsque s'améliore le climat de confiance à l'intérieur d'une entreprise. Cf. également Zand D. E., « Trust and Managerial Problem Solving », art. cité.

▲ 2. Pour une présentation générale, cf. Claessens D., *Instinkt, Psyche, Geltung : Zur Legitimation menschlichen Verhaltens. Eine soziologische Anthropologie*, Cologne-Opladen, Westdeutscher Verlag, 1970, p. 122 et s. Pour son application à la formation de la confiance, cf. Pilisuk M., Skolnick P., « Inducing Trust. A Test of the Osgood Proposal », *Journal of Personality and Social Psychology*, 8, 1968, p. 121-133.

L'une des conditions préalables est que la situation admette en général des étapes sélectives dans le sens de choix comportementaux, qu'elle ne soit donc pas déjà fixée institutionnellement ou historiquement. La condition fondamentale et première pour la formation de relations personnelles de confiance est donc la visibilité de l'agir humain en général en tant qu'agir personnellement déterminé[1]. La confiance repose sur la motivation attribuée au comportement. L'agir sur l'expérience duquel la confiance s'appuie doit apparaître comme étant l'expression de la personnalité et il doit confirmer celle-ci. Une action ne lui sera attribuée que si elle est institutionnalisée comme étant « libre »[2]. La liberté dans le sens pour ainsi dire pré-social d'un potentiel incontrôlable d'action propre aux autres hommes est la source du besoin de confiance ; la liberté institutionnalisée, c'est-à-dire la liberté saisie dans les rets de l'ordre social et ainsi domptée, constitue, en tant que complexe d'actions ou d'aspects d'action pour lesquels on est personnellement responsable, la source de la capacité d'apprentissage de la confiance. Pour que la confiance puisse émerger et puisse remplir sa fonction, la liberté doit être transférée de la forme pré-sociale à l'autre forme.

La question de savoir quelles actions ou quels aspects de l'action sont considérés comme des expressions de la personnalité est moins une question de causalité pure qu'une question de transparence sociale, de normalisation et de limitation de l'ensemble causal. C'est l'attente sociale qui décide de l'attribution. Mais l'institutionnalisation de telles attentes est un processus sélectif et simplificateur qui renforce ce qui a déjà été sélectionné. Cela deviendra évident à l'aide de quelques exemples.

Une action ne sera pas attribuée à une personne si elle est reconnue comme résultant de l'ordre contraignant d'un supérieur hiérarchique (même si l'ordre relève d'une signature consécutive à la suggestion d'un subordonné). S'ils veulent prouver qu'ils sont dignes de confiance, les subordonnés doivent par conséquent tendre vers les extrêmes sur le plan de l'ardeur au travail, de la conscience professionnelle et ils doivent être disposés à accomplir loyalement les tâches qu'on leur demande, cela au-delà de la normale. Et, d'un autre côté, la stratégie inverse surgit pour la même raison : acquérir, en accédant à des postes supérieurs, un statut qui conférera une visibilité personnelle générale et qui permettra de décider librement (cela même si l'appareil et l'environnement déterminent déjà en pratique les décisions à prendre)[3]. En général, ce sont les rôles et les lois causales qui, au

▲1. Cf. Strickland L. H., « Surveillance and Trust », *Journal of Personality*, 26, 1958, p. 200-215. M. Deutsch fait référence aux « *perceived intentions* » (Deutsch M., « Cooperation and Trust: Some Theoretical Notes », art. cité, p. 304 et s).

▲2. Au sujet de la conception de la liberté comme institutionnalisation d'une sphère d'action attribuable à la personne (et non comme indétermination), cf. Luhmann N., *Grundrechte als Institution. Ein Beitrag zur politischen Soziologie*, Berlin, Duncker & Humblot, 1965, p. 63 et s.

▲3. Au sujet de la signification de la hiérarchie dans la distorsion des perceptions et l'orientation de l'attribution de la responsabilité, cf. Thibaut J. W., Rierken H. W., « Some Determinants and Consequences of the Perception of Social Causality », *Journal of Personality*, 24, 1955, p. 113-133 ; Jones E. E., Thibaut J. W., « Interaction Goals as Bases of Inference in Interpersonal Perception », *in* Tagiuri R., Petrullo L., eds, *Person Perception and Interpersonal Behavior*, Stanford, Cal., Stanford University Press, 1958, p. 151-178

sein de la vie sociale, servent de principe pour l'appréciation d'un comportement en tant que libre ou intentionnel ou bien involontaire ou non intentionnel[1]. Un effet induit par une technologie complexe apparaît comme relativement impersonnel, et l'action des supérieurs en fait partie. Plus il y a de causes qui sont reconnaissables en une action, plus il est difficile d'en isoler l'auteur. Qui est responsable d'Hiroshima ? L'appréciation du comportement des automobilistes révèle très clairement un mélange d'actions induites de manière complexe, de contraintes objectives identifiables et d'opérations comportementales attribuables à des personnes. Une vitesse considérable du trafic qui est produite machinalement n'est pas considérée, bien que tous en soient coupables, comme relevant d'un choix personnel, mais comme une chose normale. Par contre, les réactions inattendues sont attribuées à la personne dans les cas qui présentent des exigences considérables sur le plan de l'attention et de l'habileté. Agir selon les normes va normalement de soi et est faible en pouvoir expressif ; pour cette raison, il ne s'agit pas d'une base propice à l'émergence de l'amour et de la confiance[2]. Quelle preuve de confiance constituerait pour quelqu'un le fait qu'une personne ne soit jamais allée en prison ? Le comportement déviant, l'initiative et la critique sont au contraire attribués à la personne et ne peuvent donc se développer que lorsque l'ordre social offre une protection à cet égard. Ils supposent des relations de confiance qu'ils renforcent en en faisant usage. Les opérations d'échange, qui peuvent être garanties dans leur exécution par les institutions de l'argent et du crédit qui surmontent les différences temporelles, reflètent certes des intérêts personnels dans le choix des biens, mais non des traits de caractère relevant de la confiance. Il en va autrement des présents et des faveurs qui se produisent spontanément et qui courent le risque de ne pas être réciproques.

Un processus de formation de la confiance qui divise le problème de la réduction de la complexité en plusieurs étapes et qui le résout ainsi en séquences peut s'enclencher dans une situation relativement ouverte quant à son issue et présentant une double contingence de sélectivité réciproque[3].

Jones E. E., Davis K. E., Gergen K. J., « Role Playing Variation and their Informational Value for Perception », *The Journal of Abnormal and Social Psychology*, 63, 1961, p. 302-310 ; Jones E. E., Gergen K. J., Jones R. C., « Tactics of Ingratiation Among Leaders and Subordinates in a Status Hierarchy », *Psychological Monographs*, 77, 1963 ; Friedeburg L. (von), *Soziologie des Betriebsklimas. Studien zur Deutung empirischer Untersuchungen in industriellen Großbetrieben*, Frankfurt-am-Main, Europäische Verlagsanstalt, 1963, p. 113 et s.

▲ 1. Cf. à ce sujet Turner R. H., « Role Taking: Process Versus Conformity », *in* Rose A. M., ed., *Human Behavior and Social Processes: An Interactionist Approach*, Boston, Houghton Mifflin, 1962, p. 28. Pour une approche fondamentale, cf. en particulier Heider F., « Social Perception and Phenomenal Causality », *Psychological Review*, 51, 1944, p. 358-374 ; *The Psychology of Interpersonal Relations*, New York-London, Wiley, 1958.

▲ 2. Cf. à ce sujet également Weigert E., « Existencialism and its Relation to Psychotherapy », *Psychiatry*, 12, 1949, p. 304 et s.

▲ 3. R. L. Swinth enrichit cette thèse de propositions théoriques et d'un test expérimental. Cf. Swinth R. L., « The Establishment of the Trust Relationship », *The Journal of Conflict Resolution*, 11, 1967, p. 335-344. Cf. en outre Pilisuk M., Skolnick P., « Inducing Trust... », art. cité. Pour le cas des échanges, cf. Blau P. M., *Exchange and Power in Social Life*, *op. cit.*,

Le processus lui-même possède d'une part des conditions structurelles qui le rendent possible et, d'autre part, il exige des étapes de renforcement réciproque de la sélectivité qui actualisent la confiance. On doit maintenir ici la distinction entre conditions de possibilité et conditions de réalité, du moins analytiquement.

Une occasion de témoigner sa confiance doit d'abord être offerte. Celui qui s'apprête à le faire doit définir une situation dans laquelle il dépend de son partenaire. Sinon, le problème ne surgit même pas. Il doit alors s'engager dans cette situation par son comportement et s'exposer à une rupture de la confiance. Il doit, en d'autres termes, s'engager dans ce que nous avons nommé plus haut un « investissement risqué ». Le partenaire doit, en tant que condition structurelle, avoir la possibilité de décevoir la confiance et à vrai dire non seulement la possibilité de le faire, mais également celle d'y trouver un intérêt important[1]. Ce n'est pas de lui-même, du fait de son propre intérêt, qu'il doit s'en tenir à la ligne de confiance[2]. Il doit alors honorer dans son comportement la confiance qui lui est portée et mettre à l'écart son intérêt opposé. Pour pouvoir confirmer la confiance, cette mise à l'écart doit posséder une certaine facticité ; elle doit donc se présenter comme une sorte d'occasion manquée et non seulement comme un report de la rupture de la confiance. Cela mis ensemble constituerait la première séquence de la formation de la confiance. Il en ressort déjà un résultat important : le processus exige un *engagement mutuel* et il ne peut être mis à l'épreuve que si les deux parties s'engagent en celui-ci ; et l'ordre ne peut être inversé : d'abord celui qui accorde sa confiance et, ensuite, celui à qui le premier fait confiance.

Jusqu'ici, nous nous n'avons emprunté qu'un premier trajet et nous n'avons suivi que son parcours extérieur. S'y ajoutent des aspects aussi bien épistémologiques que normatifs qui ne peuvent être disposés de manière arbitraire puisqu'ils suivent un ordre identifiable. Il ne suffit pas que le processus se déroule de cette manière. Les participants doivent savoir que tout cela se passe ainsi et chacun doit savoir que l'autre le sait aussi. La formation de la confiance dépend donc de la présence de situations facilement interprétables et ainsi, en particulier, de possibilités de communication[3]. Dans bien des cas, une déduction *post factum* peut suffire. Il se peut égale-

---

p. 91 et s., p. 107 et s., p. 315, et, pour une illustration supplémentaire, Goffman E., *Strategic Interaction*, Philadelphia, University of Pennsylvania Press, 1969, p. 130 et s.

▲1. R. L. Swinth montre que cette condition de l'intérêt opposé est remplaçable. Cf. Swinth R. L., « The Establishment of the Trust Relationship », art. cité, p. 336 et s. La confiance peut émerger même en l'absence d'un intérêt pour une rupture de la confiance, mais seulement si les *deux parties* se témoignent mutuellement de la confiance, donc à partir de la duplication des autres conditions.

▲2. Pour de tels cas de « *untrusted credibility* », cf. Goffman E., *Strategic Interaction, op. cit.*, p. 105 et s.

▲3. On peut considérer comme l'un des résultats les plus assurés des expériences relatives au « *Prisonner's dilemma* » le fait que l'élimination de la communication rend plus difficile la formation de la confiance. Cf. *supra*, p. 26, n. 1. Cf. en outre Loomis J. L., « Communication, the Development of Trust and Cooperative Behavior », art. cité ; Wichman H., « Effects of Isolation and Communication on Cooperation in a Two-Person Game », *Journal of Personality and Social Psychology*, 16, 1970, p. 114-120.

ment que l'ignorance de certains aspects ne soit pas dommageable, c'est-à-dire ne bloque pas la voie de la confiance. Il est difficile d'en décider sans recherche empirique. D'une manière ou d'une autre, l'ignorance de détails pertinents pourrait faire en sorte que le processus soit susceptible d'être troublé, cela même lorsque le comportement nécessaire a été suivi dans les phases préliminaires. Un surcroît de savoir peut en outre venir troubler le processus, notamment lorsque les participants savent ou supposent l'un à l'égard de l'autre que le processus sert à créer la confiance. C'est alors que la question de la finalité, la question du motif devient inévitable, question qui peut facilement déboucher sur la méfiance.

Aux exigences cognitives, que nous ne pouvons appréhender que de manière vague, s'ajoutent finalement des exigences d'ordre normatif. Nous reportons au chapitre XII la question d'une éthique de la confiance. Pour le moment, nous ne nous intéressons qu'à la question de savoir si et de quelle manière la genèse de la confiance en tant que processus peut être soumise à des normes. Nous nous heurtons ici à une difficulté particulière. Le processus commence par un premier pas risqué qui, en tant qu'opération audacieuse, se prête mal à une normalisation ; il s'apparente plutôt au comportement des héros ou des saints. Le fait de s'en remettre à un témoignage de confiance n'est pas plus susceptible d'être soumis à des normes. Dans les deux cas, la normalisation ne ferait que déplacer le problème et la confiance ne pourrait émerger. On ne peut exiger la confiance. Elle veut être accordée et acceptée. C'est la raison pour laquelle les relations de confiance ne peuvent débuter par des exigences, mais seulement par un premier pas dans la mesure où l'initiateur accorde lui-même sa confiance ou utilise une occasion qui s'offre à lui de manière contingente pour se présenter comme étant digne de confiance (en rapportant, par exemple, un objet qu'il a trouvé). Pour celui qui accorde sa confiance, sa vulnérabilité est l'instrument par lequel il met en branle une relation de confiance. Ce n'est qu'à partir de sa propre confiance qu'il a la possibilité de formuler à titre de norme le fait que sa confiance ne sera pas déçue et ainsi d'amener l'autre dans cette voie qu'il vient de tracer. Et pourtant cette impossibilité de soumettre la confiance à des normes n'exclut pas totalement la confiance de la sphère normative.

Cette opération préalable particulière, à conséquences normatives, peut être désignée au moyen de l'ancien concept d'*opération supererogative*. Une opération est supererogative lorsque, sans correspondre à un devoir, elle est considérée comme un mérite et force le respect. Malgré des tentatives récentes[1], la relation au devoir de cette opération n'a pas encore été clarifiée d'un point de vue logique et analytique. C'est sa fonction génétique qui nous intéresse au premier chef. En tant que pendant de l'extrapolation de l'information que nous avons analysée plus haut, elle semble fournir une extrapolation de la normativité : une opération supplémentaire que personne ne peut exiger, mais qui pourtant, et précisément pour cette raison,

▲ 1. Cf. Feinberg J., « Supererogation and Rules », *Ethics*, 71,1961, p. 276-288 ; Stocker M., « Supererogation and Duties », in *Studies in Moral Philosophy. American Philosophical Quarterly Monograph Series 1*, 1968, p. 53-63.

suscite des prétentions, tout comme les bonnes actions engendrent des prétentions à la gratitude. La fonction du supererogatoire semble donc résider dans le fait qu'il transforme les *conditions d'émergence* en *conditions de la conservation*. C'est précisément ce qui est nécessaire à l'émergence de la confiance.

Si les qualités supererogatoires servent de règle de production aux prétentions qui peuvent être soumises à des normes, il est évident qu'elles ne peuvent être admises de manière arbitraire, mais au contraire seulement là où de telles prétentions peuvent être acceptées. L'aide et la gratitude en constituent un cas, la confiance en est un autre. Il est clair que cette délimitation n'exclut pas tout abus. On peut lier quelqu'un autant par une démonstration de confiance qu'à l'aide de cadeaux[1]. À l'encontre de cela, il ne reste, au stade où la relation possède encore un caractère volontaire, au début donc, que la possibilité de refuser de collaborer au processus, avec plus ou moins de tact.

Nous sommes encore au commencement. Nous avons décrit une unité fondamentale typique du processus de formation de la confiance. Dans les circonstances normales, elle se produit de manière diversifiée. Car, dans les premières étapes, personne ne joue gros ; on ne s'engage pas de manière importante ni contre un intérêt puissant. Les deux exemples du comportement décevant et de celui où deux parties s'évitent se prêtent bien à l'illustration du caractère séquentiel de l'ensemble du processus, avec les problèmes qu'il contient et les tactiques disponibles pour résoudre ceux-ci.

Une relation personnelle fondée sur des bienfaits réciproques débute de manière typique par des opérations à petites doses. On s'offre des gentillesses, un coup de main, de petits cadeaux qui ne coûtent rien, cela sous une forme qui permet un refus plein de tact. La relation ne peut gagner en profondeur que lorsque ces gestes d'amitié sont payés en retour, qu'ils sont reconnus avec gratitude et que la relation se maintient dans ce va-et-vient. La relation supporte alors des cadeaux plus importants et même un déséquilibre à long terme, car chacun fait confiance à l'autre. À ce stade de développement, le fait d'égaler rapidement et avec un calcul précis des bienfaits que l'on a reçus serait perçu comme un signe de méfiance, car celui qui agit ainsi se présente comme quelqu'un qui cherche à se soustraire le plus rapidement possible aux chaînes de la gratitude. Un tel comportement enlève au donneur toute occasion de témoigner sa confiance et, au receveur, la possibilité de se confirmer dans cette charge au moyen de cette confiance qui lui est témoignée.

▲ 1. Il en ressort le conseil, s'appliquant à de nombreuses situations, de se soustraire à la confiance d'un étranger dont on ne peut être à la hauteur sur un plan tactique. Tirpitz doit en avoir fait l'expérience lorsque, dans ses *Mémoires*, il décrit la « douce défaveur » comme la relation la plus favorable à l'égard du monarque. Tirpitz A. (von), *Erinnerungen*, 2. Aufl., Leipzig, v. Hase & Koehler, 1920, p. 133 et s. Cf. également les règles pour éviter de faire la connaissance d'autres personnes qui ont été colligées par Goffman E., *Behavior in Public Places. Notes on the Social Organization of Gatherings*, New York-London, Free Press-MacMillan, 1963, p. 112 et s.

Un tel accroissement de la confiance en présence d'exigences encore plus délicates en matière de tact et de prudence dans l'expression peut être observé dans le développement de relations illégales ou semi légales[1]. Dans les liaisons d'espionnage, dans les relations homosexuelles, dans le trafic de drogue, mais également dans des affaires moins excitantes comme l'échange d'indiscrétions entre secrétaires ou l'initiation de nouveaux arrivés aux us et coutumes d'un lieu de travail[2], l'intéressé doit passer à travers une série de tests qui ne le dévoilent pas encore, ce qui lui permet, par exemple, de se retirer avec indignation sous la protection des normes ou de s'expliquer en arguant un malentendu sans gravité. Le caractère véritable de la relation ne se clarifie lentement que lorsque l'examiné semble faire ses preuves et, pour cela, il doit se soumettre lui-même à une contre-vérification ou s'engager à tel point dans ses relations qu'il finit par en partager la culpabilité. Une fois que la confiance mutuelle a été stabilisée, ce serait un manque de tact grossier, sinon une faute détruisant la relation entière, si l'un des participants voulait revenir au processus d'apprentissage et appliquer les stratégies de prudence qui ont encore un sens à ce stade.

Nous pouvons maintenant généraliser et affirmer qu'il est évident que ce genre de processus d'apprentissage ne se produit que lorsque celui en qui on fait confiance se voit offrir des opportunités de la trahir et qu'il ne les utilise pas[3]. Dans l'apprentissage, on ne doit pas faire abstraction de ce risque. Il peut toutefois être distribué sur diverses étapes et ainsi minimisé. Nous devons cependant introduire deux limites à cette règle générale.

On ne doit pas supposer que la confiance peut s'accroître de manière continue au cours du processus d'apprentissage et s'étendre sans discontinuité à des enjeux toujours plus importants et plus riches en conséquences. C'est pourquoi la recherche expérimentale en psychologie sociale, où il n'est

▲ 1. Cf. à ce sujet les remarques de G. Simmel à propos de l'apprentissage de la confiance dans les sociétés secrètes. Cf. Simmel (G.), *Soziologie*..., *op. cit.*, p. 284 et s. Simmel fait ressortir avec raison le fait que, dans les sociétés secrètes, la problématique continuelle de la confiance, qui doit toujours être renouvelée, devient un très puissant outil pour la création de liens sociaux. Cela vaut également pour l'exemple que nous avons traité précédemment, soit l'échange libre de faveurs.

▲ 2. On trouve, à ce sujet, dans les ouvrages de sociologie des organisations un grand nombre de références sporadiques. Pour un exposé plus étendu, cf. par exemple Blau P. M., « Patterns of Deviation in Work Groups », *Sociometry*, 23, 1960, p. 245-261 ; Long N. E., « Administrative Communication », *in* Mailick S., van Ness E. H., *Concepts and Issues in Administrative Behavior*, Englewood Cliffs, N.J., Prentice-Hall, 1962 ; Evan W. M., « Peer Group Interaction and Organizational Socialization: A Study of Employee Turnover », *American Sociological Review*, 28, 1963, p. 436-440. Par ailleurs, le cas de la recrue se prête particulièrement bien à l'institutionnalisation de « seuils » de la confiance (pour plus de détails, cf. chapitre X) qui, par exemple, peuvent être marqués par des rituels d'initiation. Pour un exemple d'« initiation techniques » au sein de l'armée américaine, spec. à l'Académie de West Point, cf. Janowitz M., *The Professional Soldier. A Social and Political Portrait*, New York, Free Press, 1960, p. 128 et s.

▲ 3. C'est pourquoi la méfiance se prête mal à l'apprentissage de la confiance, comme l'a montré également l'expérience de L. H. Strickland dans le cas d'une supervision étroite. Cf. Strickland L. H., « Surveillance and Trust », art. cité. Celui qui est méfiant structure sa situation perceptive de manière à ne pas attribuer à l'acteur lui-même les actes qui pourraient le faire apparaître comme étant digne de confiance, mais plutôt à d'autres causes (par exemple à ses propres précautions fondées sur la méfiance).

jamais question que de risques minimaux, de risques ludiques, se prête peu à des généralisations[1]. Les modifications qui affectent ce qui est en jeu et celles dans l'équilibre entre les avantages attendus et les pertes possibles créent des seuils au sein du processus d'apprentissage, lesquels génèrent une différence qualitative. On prendra pour exemple le cas où celui qui fait confiance risque quelque chose non seulement pour lui-même, mais aussi pour les autres, pour sa famille, son entreprise, sa nation. Lorsque cela se produit, des exigences supplémentaires sont posées sur le plan de la création du consensus et de la régulation de la responsabilité. Le deuxième point de vue se rapporte au côté opposé des conditions de la formation de l'émergence de la confiance : les relations de rôles qui ne présentent aucun risque, lorsque les participants sont protégés contre toute conséquence personnelle par exemple du fait qu'ils sont membres d'une organisation, n'offrent pratiquement aucun point d'appui pour le développement et la stabilisation de la confiance personnelle. Dans ces circonstances, des limites étroites sont posées au développement même de relations personnelles[2]. La confiance ne demeure pas moins alors indispensable en tant que fondement de la conduite de l'existence, mais elle ne prend pas d'abord la forme de la confiance personnelle. Il semble que la confiance personnelle ne se forme que là où on en a besoin. C'est le cas, même encore aujourd'hui, lorsque la personnalité individuelle acquiert une importance socio-structurelle, lorsqu'elle opère la médiation entre des complexes interactionnels au sein du système social et que ceux-ci ne peuvent être médiatisés que de cette manière et qu'ils doivent être réorganisés lorsque la personnalité n'est plus impliquée.

Les cas limites de la confiance personnelle sont tout aussi caractéristiques de la société moderne, ceux qui ne surviennent pas au niveau des grands systèmes organisés, mais plutôt dans les systèmes de contacts simples de la vie quotidienne et qui souvent sont de courte durée, qui impliquent un changement de partenaires et se déroulent de manière impersonnelle, sans perspective de répétition, tout en comportant des risques considérables. Les risques et les problèmes de confiance liés à une course en taxi en sont un bon exemple[3]. Faute de temps et faute d'une histoire préalable, les participants sont dépendants de « tests » hautement standardisés de la normalité de la situation ainsi que d'un environnement suffisamment normalisé qui fait apparaître élevé mais improbable le risque que représente cette course. Il faut remarquer avant tout qu'une rupture de ces prémisses environnementales ne pourrait être traitée par la formation de la confiance

▲ 1. C'est également ce qu'indique S. Epstein dans ses remarques sur Deutsch M., « Cooperation and Trust: Some Theoretical Notes », art. cité, p. 319 et s. Cf. également Wrightsman L. S., « Personality and Attitudinal Correlates of Trusting and Trustworthy Behaviors in a Two-Person Game », *The Journal of Personality and Social Psychology*, 4, 1966, p. 328-332.

▲ 2. Pour plus de détails, cf. Luhmann N., *Funktionen und Folgen formaler Organisation*, Berlin, Duncker & Humblot, 1964, p. 355 et s.

▲ 3. Cf. Henslin J. M., « Trust and the Cab Driver », *in* Truzzi M., ed., *Sociology and Everyday Life*, Englewood Cliffs, N.J., Prentice Hall, 1968, p. 138-158.

au sein du micro-système lui-même, mais uniquement par une réorganisation de la manière d'aborder le taxi.

La question de savoir jusqu'à quel point, au sein de quels systèmes sociaux et dans quelles fonctions la confiance personnelle est toujours requise aujourd'hui pourrait faire l'objet de recherches empiriques d'une grande ampleur. On peut présumer que de telles recherches démontreraient rapidement que le besoin de s'orienter sur les caractéristiques des personnes est tout aussi présent aujourd'hui qu'auparavant[1] dans tous les domaines de la vie sociale où des contacts répétés se produisent et que la légende autour de l'individu de masse repose sur une illusion d'optique. D'un autre côté, il ne fait pas de doute que l'ordre social moderne propre aux sociétés différenciées est beaucoup trop complexe pour que la confiance sociale nécessaire à l'existence puisse être créée à partir de cette seule orientation sur les personnes. Il est par trop évident que l'existence de l'ordre social ne dépend pas des quelques personnes que l'on peut connaître et à qui on peut faire confiance. Il doit exister d'autres formes de création de la confiance qui ne dépendent pas de ce qui est personnel. Mais quelles sont-elles ?

▲ 1. Cela s'applique également aux grandes bureaucraties qui sont supposées travailler de manière impersonnelle. Cf. à ce sujet Luhmann N., « Der neue Chef », *Verwaltungsarchiv*, 53, 1962, p. 11-24.

Chapitre VII

Médias de communication et confiance systémique

Dans les ordres sociaux simples, l'assurance dans la conduite de la vie, pour autant qu'une telle assurance a pu exister, a été atteinte, au-delà du recours à la confiance dans des personnes en particulier, par la supposition, reposant sur des bases religieuses, de l'existence d'un être vrai, du naturel et du surnaturel, au moyen de mythes, de la langue et du droit naturel. C'est dire que l'ordre juste (*rechte Ordnung*) était présupposé comme une donnée normative et familière. En ce sens, le monde était soustrait à la disposition humaine et sa complexité était posée comme étant déjà réduite. Des formes impersonnelles de confiance n'étaient pas nécessaires. Lorsqu'une communication ou une explication de cet ordre du monde devenait nécessaire, elle passait par l'autorité des dieux, des saints ou des interprètes savants à qui l'on faisait confiance comme à une personne.

En comparaison, les ordres sociaux différenciés accroissent leur capacité de traitement des problèmes et sont par conséquent en mesure de voir le monde d'une manière plus complexe[1]. Un monde très complexe, riche en possibilités tout en étant déterminé ou du moins déterminable ne se laisse constituer et embrasser du regard que si et dans la mesure où le fardeau de la sélection qui en résulte sur le plan de l'expérience et de l'action peut être régulé et réparti au sein de différents systèmes sociaux. En effet, la capacité de l'individu est limitée et ne peut être augmentée que de manière restreinte. Une complexité élevée du monde suppose donc une pluralité de processus sélectifs et, de ce fait, des relations entre les sélections opérées par les individus. Et elle ne peut garantir un monde simultanément présent

▲ 1. Cf. à ce sujet les remarques fondamentales (pour les systèmes sociaux) que l'on retrouve chez Schroder H. M., Harvey O. J., « Conceptual Organization and Group Structure », *in* Harvey O. J., *Motivation and Social Interaction: Cognitive Determinants*, New York, Ronald Press, 1963, p. 134-166 ; et, pour les systèmes personnels, cf. Harvey O. J., Schroder H. M., « Cognitive Aspects of Self and Motivation », *ibid.*, p. 95-133.

que si la sélection peut être présentée non seulement comme la conséquence des démarches d'un individu, mais également en tant que sélectivité opérée par d'autres, qui est simultanément présente ou du moins qui peut être remémorée ou faire l'objet d'une attente. En ce sens, il existe des *relations constitutives entre, d'un côté, la complexité du monde et, de l'autre, les processus socialement régulés de différenciation et de liaison d'une multitude d'opérations de sélection.*

C'est au moyen du concept de médias de communication généralisés que nous voulons aborder ce problème et désigner par là des dispositifs supplémentaires par rapport au langage courant, notamment les codes de sélection symboliquement généralisés dont la fonction est d'assurer la transmissibilité intersubjective des opérations de sélection tout au long de chaînes plus ou moins longues. La vérité, l'amour, le pouvoir et l'argent[1] en constituent des exemples remarquables qui ont été particulièrement féconds sur le plan évolutionnel[2]. La généralisation de ce genre de médias rend possible la formation de modèles motivationnels qui permettent que la sélection opérée par l'un devienne pertinente pour le suivant au sens où, ne l'ignorant pas et ne la traitant pas comme une question en suspens, il y enclenche son propre comportement sélectif avec une thématique qui s'y rattache.

La différenciation et le développement croissants de ces médias, la légitimation culturelle de leurs formes les plus audacieuses et le soutien qu'ils reçoivent au sein des systèmes sociaux autonomisés comme l'État politique, la science ou l'économie, acquièrent une signification considérable pour l'évolution du système sociétal, en particulier dans l'émergence de la société moderne et l'horizon du monde surdimensionné qui est le sien. Cela ne peut être démontré ici en détail. Ce qui nous intéresse surtout est le fait que par là se modifient en même temps, de manière remarquable, les conditions à partir desquelles la confiance devient le présupposé de la conduite normale et rationnelle de l'existence. Dans la mesure où le monde se complexifie et où, en même temps, il devient déterminable au moyen de processus contingents et dans la mesure où l'acceptation consciente de ce changement renforce l'effectivité de celui-ci, l'ancienne unité de la nature en tant que source normative s'effondre ou encore est ramenée à des prémisses décisionnelles extrêmement formelles. Le saut opéré entre des croyances universellement partagées et fondées sur la foi et la confiance personnelle ne permet plus

▲1. Pour une brève esquisse des relations qu'ils entretiennent entre eux, cf. Habermas J., Luhmann N., *Theorie der Gesellschaft oder Sozialtechnologie* ?, *op. cit.*, p. 344 et s.

▲2. Cf. à ce sujet la théorie de Parsons des « *generalized mechanism* » que sont l'argent, le pouvoir, l'influence et l'engagement (*commitment*). Cf. Parsons T., Smelser N. J., *Economy and Society*, Glencoe, Ill., Free Press, 1956, p. 70 et s. ; Parsons T., « General Theory in Sociology », art. cité, p. 16 et s. ; « On the Concept of Influence », *Public Opinion Quarterly*, 27, 1963, p. 47 et s. au sujet de la confiance ; « On the Concept of Political Power », *Proceeding of the American Philosophical Society*, 107, 1963, p. 232-262 et « On the Concept of Value Commitments », *Sociological Inquiry*, 38, 1968, p. 135-160. Dans une traduction allemande d'un ouvrage de T. Parsons, ces « *mecanisms* » sont désignés par le terme « Steuerungssprachen » (langages de contrôle). Cf. Parsons T., « Die jüngsten Entwicklungen in der strukturell-funktionalen Theorie », *Kölner Zeitschrift für Soziologie und Sozialpsychologie*, 16, 1964, p. 30-49.

alors de combler l'abîme grandissant entre des chaînes de sélection toujours plus longues. La confiance accordée à d'autres personnes n'implique plus d'emblée la reconnaissance du caractère normatif de leur vision du monde. On doit alors apprendre à supporter les différences qui existent entre les « visions du monde » et à lier malgré cela son propre comportement à des opérations de sélection effectuées par d'autres. La confiance devient pour ainsi dire privatisée, psychologisée et, de ce fait, tolérante à l'égard des individus ; ou encore elle est spécifiée fonctionnellement sur des communications d'un certain type pour lequel l'autre possède une compétence vérifiable.

À ce niveau, la nécessité de réduire le potentiel social de sélection à l'échelle de la capacité individuelle de décision et d'action se complexifie et se différencie. Les médias auto-différenciés de communication, leur langage et leurs symboles entraînent avec eux de nouveaux risques et posent ainsi des problèmes de confiance d'un genre nouveau. Il devient maintenant évident que la communication est produite par des hommes et qu'elle agit sur eux, cela sans être garantie par la nature invariable de ce qui est juste ni par des personnes que l'on connaît bien. Comment en vient-on malgré cela à pouvoir s'en remettre à de telles communications et à faire confiance à la complexité réduite qu'elles contiennent ? Comment la transmission intersubjective des opérations de sélection est-elle possible ? Nous clarifierons ces questions en nous appuyant sur les exemples de l'argent, de la vérité et du pouvoir politique légitime.

L'argent représente – pour rappeler brièvement des éléments connus – une liberté transférable par rapport à un choix limité de biens. Il assure cette liberté par l'abstraction d'une possibilité d'échange qui, ramenée à une délimitation quantitative, laisse en suspens la question de savoir quand, avec qui, sur quel objet et à quelles conditions le détenteur de l'argent procédera à un échange. L'argent est obtenu au moyen d'une communication sans que la valeur de l'argent ne se modifie au cours du processus de communication ou sans que ne se perde la complexité qu'il exprime. Le symbole de l'argent qui a été acquis exprime une indétermination déterminée de possibilités d'acquisition toujours ouvertes et il met la réduction de cette complexité à la libre disposition de l'individu. La décision relative à la manière dont cette complexité sera réduite, comment, quand, pour qui et pour quelle raison l'individu dépensera son argent, n'a en principe – et il s'agit là de l'une des conditions de l'institutionnalisation de la liberté individuelle de tous – aucune conséquence pour le système social[1].

▲ 1. Cela ne vaut naturellement qu'à l'intérieur de certaines limites. Pour identifier ces limites, on n'a qu'à se rappeler la problématique de la conjoncture économique ou encore la possibilité d'orienter les décisions des consommateurs au moyen de politiques monétaires, cela sans intervenir dans la liberté individuelle. Pour l'analyse sociologique, ce ne sont pas ces affirmations importantes qui sont décisives, mais plutôt quelque chose qui se cache derrière elles : d'abord le fait qu'il a été possible d'immuniser largement l'ordre social contre les conséquences de la réduction individuelle de possibilités comportementales très complexes et d'obtenir par là une décentralisation des décisions qui permet en général de mettre sur pied des ordres économiques complexes. En tant qu'institution comparable, que l'on pense avant tout à l'amour (au sens d'une passion individuelle) en tant que fondement

L'argent permet donc que la complexité de l'ensemble du système économique soit mise littéralement sous forme de coupures entre les mains de l'individu. Nous n'avons pas ici à présenter plus en détails la nécessité d'un tel mécanisme décentralisateur dans la constitution d'un système économique complexe. La capacité fonctionnelle de ce mécanisme suppose toutefois que l'on fasse confiance à l'argent lui-même. L'individu doit pouvoir s'appuyer sur le fait que l'argent qu'il a en mains possède réellement la possibilité qu'il promet, cela afin qu'il puisse, en toute assurance, reporter sa décision sur l'utilisation finale de son argent et jouir de la complexité des possibilités contenues dans l'argent sous une forme abstraite ou encore en tirer profit. Les contours du problème général de la confiance se révèlent clairement ici à la jonction entre la dimension temporelle et la dimension sociale : la recherche rationnelle d'avantages au moyen de détours, de renoncements au plaisir, de reports, recherche qui implique des opérations préalables, ne peut être motivée que si la confiance neutralise l'interférence dérangeante que représente l'agir libre et imprévisible des autres individus. La question est : comment une telle confiance totalement indépendante de la valeur matérielle du substrat du symbole de l'argent peut-elle se former et se maintenir ?

Celui qui a confiance dans la stabilité de la valeur de l'argent et dans le fait qu'une multitude de possibilités d'utilisation de celui-ci demeureront disponibles présuppose au fond qu'un système fonctionne et sa confiance ne se porte pas sur des personnes qu'il connaît, mais plutôt sur le fonctionnement de ce système. Une telle confiance dans le système se forme pour ainsi dire d'elle-même à travers des expériences concluantes relatives à l'utilisation de l'argent. Cette confiance nécessite un « *feedback* » constant, mais aucune garantie interne particulière et, en conséquence, elle est incomparablement plus facile à apprendre que la confiance personnelle que l'on accorde à des personnes toujours nouvelles. Mais, d'un autre côté, elle est beaucoup plus difficile à contrôler. Certes, il existe de nombreux événements en rapport avec l'argent qui possèdent une signification symptômatique pour la question de la confiance, des événements qui exercent des fonctions d'avertissement aux yeux des experts et qui incitent à adopter des mesures défensives spécifiques ou encore à des réactions d'adaptation. Leur maîtrise pose des exigences élevées en matière de veille et de temps investi, en matière d'apprentissage d'un savoir et d'intelligence, à tel point que seuls quelques-uns en sont capables. Le passage de la confiance en des personnes à la confiance dans un système facilite l'apprentissage tout en rendant le contrôle plus difficile. On aboutit ainsi de manière typique à une confiance dans l'argent qui fait l'objet d'un apprentissage quasi automatique dans la mesure où celui qui a confiance sait qu'il dépend du fonctionnement d'un système hautement complexe, qu'il n'arrive pas lui-même à percer, bien

du mariage, qui non seulement permet, mais même normalise le choix du partenaire parmi des possibilités en principe illimitées, cela sur la base d'une inclinaison individuelle qui n'est pas régulée socialement. Mais cela présuppose qu'est assurée l'indifférence de l'ordre social à l'égard des conséquences de telles décisions.

qu'en soi cela soit possible. Il sait qu'il ne peut y apporter aucun correctif et, de ce fait, il se sent livré à l'imprévisible et, malgré cela, il doit continuer à accorder sa confiance, comme s'il y était contraint. Lorsqu'une telle confiance dans l'argent est institutionnalisée et se confirme de manière générale, il se crée une sorte d'*équivalent de la certitude.* Celui qui possède de l'argent dispose d'un outil *général* de résolution des problèmes et il peut donc, à l'intérieur des limites de celui-ci, faire l'économie de l'anticipation des situations problématiques *spécifiques.* Les liquidités économisent l'information[1]. Tout investissement en argent, tout renoncement à des liquidités devient maintenant un problème. L'utilisation de l'argent implique un sacrifice sur le plan de la liberté et de la certitude de la disposition ; ce sacrifice nécessite une garantie particulière qui peut être trouvée, d'un côté, en une planification précise et une prévision des conséquences de l'investissement et, de l'autre, en une conservation d'une réserve en fonction d'un calcul précis[2]. La possibilité de sacrifier des liquidités tout en les conservant, par exemple en convertissant de l'argent en lettres de change, acquiert ainsi une position clé aussi bien pour l'individu que pour le système économique. Cette merveille logique du sacrifice et de la conservation simultanés de liquidités peut être atteinte par une augmentation du volume de l'argent[3]. Elle implique donc un accroissement et, partant, une vulnérabilité croissante de la confiance dans le système.

Au sein d'un tel ordonnancement, les incertitudes présentes dans le système économique peuvent influencer les décisions d'investissement de deux manières opposées, selon le niveau de généralité qu'elles atteignent. Lorsqu'elles rendent difficile une prévision des événements économiques (ou lorsqu'elles font augmenter les coûts en information et en planification), elles peuvent accroître la préférence pour les liquidités en tant qu'équivalent de la certitude et motiver de ce fait un recul des investissements. Mais, à l'opposé, ces incertitudes peuvent également ébranler d'une manière générale la confiance dans l'argent et induire une « fuite dans les valeurs réelles ». Ce double effet rend difficile une gestion précise des décisions individuelles au moyen de la politique monétaire. Il en résulte que la déci-

▲ 1. Cf. à ce sujet Krüsselberg H.-G., *Organisationstheorie, Theorie der Unternehmung und Oligopol. Materialien zu einer sozial-ökonomischen Theorie der Unternehmung*, Berlin, Duncker & Humblot, 1965, p. 127 et s. ; ouvrage qui contient un tour d'horizon de l'évolution de cette idée chez Keynes, Shackle et Schmölders. Cf. en outre Paulsen A., *Liquidität und Risiko in der wirtschaftlichen Entwicklung. Ein Beitrag zur dynamischen Wirtschanstheorie*, Frankfurt-am-Main-Berlin, Verl. für Sozialwissenschaften, 1950 ou bien Tobin J., « Liquidity Preference as Behavior Towards Risk », *Review of Economic Studies*, 25, 1958, p. 65-87. Dans l'élaboration de sa théorie de l'argent, Keynes lui-même a rencontré le phénomène de la confiance, mais il a refusé d'en fournir une analyse théorique, car il s'agissait pour lui d'un problème empirique. Cf. Keynes J. M., *The General Theory of Employment, Interest and Money*, London, MacMillan, 1936, p. 148 et s.

▲ 2. Au sujet des possibilités d'une programmation rationnelle des décisions relatives à l'investissement par la prise en compte de la question des liquidités, cf. Albach H., *Investition und Liquidität: die Planung des optimalen Investitionsbudgets*, Wiesbaden, Betriebswirtschaftlicher Verlag Th. Gabler, 1962.

▲ 3. C'est la raison pour laquelle G. Schmölders exige, avec raison, le passage d'une théorie de la qualité de l'argent à une théorie de la liquidité de l'argent. Cf. Schmölders G., « The Liquidity Theory of Money », *Kyklos*, 13, 1960, p. 346-360.

sion individuelle aussi bien en matière de conservation qu'en matière d'utilisation de l'argent se rend dépendante du système global à travers la question de la confiance, et cela encore plus lorsqu'elle fait l'objet d'un calcul rationnel.

En tant qu'équivalent de la certitude pouvant assurer dans le présent la réalisation d'attentes futures encore indéterminées, l'argent constitue un équivalent fonctionnel pour de nombreuses autres formes de confiance. Dans le contexte des besoins qui peuvent généralement être satisfaits au moyen de l'argent, celui-ci assure la même fonction temporellement transcendante d'absorption des risques, mais sous une forme plus précise et plus efficace puisqu'il est spécifiquement conçu en regard de ces fonctions ; de ce fait, il coupe l'herbe sous le pied de la confiance. Celui qui possède de l'argent n'a pas besoin de faire confiance aux autres. La confiance généralisée dans l'institution de l'argent remplace alors par un acte global les innombrables témoignages individuels de confiance, qui sont si ardus et qui étaient nécessaires pour assurer les nécessités vitales au sein d'une société coopérative.

Alors que, dans le cas de l'argent, la réduction de la complexité relève de l'individu pour son adaptation à *sa* situation et à *ses* besoins, il en va, dans le cas de la vérité, d'un contre-principe complémentaire qui précède toute individuation de l'homme en fonction de points de vue individuels. Le médium de la vérité se rapporte à l'expérience du sens et il englobe tout sens auquel est attribuée une transmissibilité intersubjective. Confronté au sens vrai, chacun doit reconnaître et assumer l'opération de réduction, à défaut de quoi il perd son rôle de sujet humain co-constituant, de co-porteur du monde et, par là, son identité sociale. La vérité est le médium qui est porteur de la réduction intersubjective de la complexité. La confiance n'est possible en général que là où la vérité est possible[1], que là où les hommes peuvent s'entendre sur une même chose avec un caractère contraignant pour les tiers. La vérité facilite cette entente et, partant, la réduction de la complexité, cela sur la base de l'hypothèse que les tiers considéreront également comme adéquate l'interprétation en question.

En cela, chaque individu doit pouvoir présupposer que l'orientation de l'autre entretient un rapport à la vérité. La complexité socialement disponible est excessivement élevée. L'individu ne peut donc l'utiliser que si elle lui est livrée sous une forme déjà réduite, simplifiée et pré-arrangée. En d'autres termes, il doit pouvoir s'appuyer sur un traitement de l'information effectué par d'autres et pouvoir s'en remettre à celui-ci. Il sait qui sait comment fonctionne le moteur de sa voiture et qui sait de quelle manière sa gastro-entérite sera bien soignée ; il se méfie certes des journaux, mais il admet pourtant que les nouvelles qu'ils diffusent sont à tout le moins des nouvelles ; il s'en remet au fait que le représentant de sa compagnie d'assurances lui fournit des informations factuellement adéquates en matière d'assurances. Cette confiance ne peut être, au sein d'un environne-

▲ 1. À ce sujet, cf. les idées fondamentales introduites par Barth H., *Fluten und Dämme. Der philosophische Gedanke in der Politik*, Zurich, Fretz und Wasmuth, 1943, p. 165 et s.

ment hautement complexe, une confiance uniquement personnelle, bien que cette forme existe toujours, par exemple sous la figure du médecin de famille qui se trouve également être un ami[1]. De façon typique, il s'agit d'une confiance en des capacités particulières et vérifiables de traitement de l'information, en une autorité fonctionnelle[2] et, finalement, dans la capacité fonctionnelle de la science en tant que système d'action. Par exemple, celui qui, en tant que politicien, s'oriente sur les résultats de la recherche empirique sur les élections, doit avoir confiance dans le fait que l'interviewer a réellement procédé à des entrevues et qu'il n'a pas substitué à celles-ci ses propres analyses de tendances.

Les typologies de l'autorité qui tiennent compte de ce fait font partie des thèmes courants, particulièrement dans l'analyse sociologique des organisations[3]. Pour mettre au jour le problème de confiance qui s'y cache, l'essentiel est de mettre en lumière les modifications que subit l'arrière-plan qui fait que l'autorité est ce qu'elle est. L'autorité est toujours la représentation-délégation (*Vertretung*) d'une complexité qui n'est pas explicitée de manière détaillée[4]. Son style dépend de la manière dont est représentée cette possibilité d'explicitation. Avec le déclin de l'ancien cosmos de la vérité, le style de familiarité et de connaissance du monde a été modifié en profondeur. Le thème propre à l'expérience factuelle renvoie toujours à d'autres possibilités non actualisées. C'est uniquement l'horizon de cet « ainsi-de-suite » qui donne au monde son unité. Ces potentialités d'expérience englobent et marquent aujourd'hui l'expérience factuelle d'une autre manière qu'auparavant[5]. On sait ou l'on pressent que, derrière toute expérience d'un objet, se trouvent de possibles affirmations et que, derrière toutes les affirmations, se trouvent des processus de traitement de l'information, et non la vérité immuable de l'être. En principe, ces processus sont intersubjectivement contrôlables ; ils doivent fournir à chacun un savoir accessible et ils sont, de ce fait, institués d'une manière indépendante par rapport à des structures sociales déterminées, indépendamment surtout d'un statut supérieur reposant sur d'autres fonctions, qu'il s'agisse, par exemple, de fonctions religieu-

▲ 1. Pour une tentative de concevoir l'autorité en tant que relation *personnelle* de confiance, cf. Strohal R., *Autorität. Ihr Wesen und ihre Funktion im Leben der Gemeinschaft*, Freiburg-Wien, Herder, 1955, p. 17 et s. et Schottländer R., *Theorie des Vertrauens, op. cit.*, p. 35 et s.

▲ 2. C'est H. Hartmann qui a eu le mérite de développer ce concept. Cf. Hartmann H., *Funktionale Autorität. Systematische Abhandlung zu einem soziologischen Begriff*, Stuttgart, Ferdinand Enke Verlag, 1964.

▲ 3. Cf. entre autres French J. R. P., Raven B., « The Bases of Social Power », *in* Cartwright D., ed., *Studies in Social Power*, Ann Arbor, University of Michigan Press, 1959, p. 150-167 ; Presthus R. V., « Authority in Organizations », *Public Administration Review*, 20, 1960, p. 86-91.

▲ 4. Dans son concept d'autorité, C. J. Friedrich fait explicitement référence à une « *potentiality of reasoned elaboration* ». Cf. Friedrich C. J., « Authority, Reason, and Discretion », *in* Friedrich C. J., ed., *Authority*, Cambridge, Mass., Harvard University Press, 1958, p. 35. Cf. également, du même auteur, *Man and His Government. An Empirical Theory of Politics*, New York, Free Press, 1963, p. 216 et s.

▲ 5. Cf. à ce sujet la présentation que fait Husserl de la signification des sciences modernes objectives dans la transformation du monde vécu, de l'intérieur même de celui-ci. Cf. Husserl E., *Die Krisis der europäischen Wissenschaften und die transzendentale Phänomenologie*, *op. cit.*

ses, politiques ou économiques[1]. Ce principe d'intersubjectivité et la séparation par rapport à des structures sociales déterminées pré-existantes, garantissent alors la valeur de certitude des affirmations et, en ce sens moderne, leur vérité. Il s'ensuit que seule la complexité des relations objectives, et non le voilement de la vérité ni les limitations sociales de sa révélation, peut empêcher l'individu de dégager par lui-même ses prémisses. Et, par conséquent, l'autorité n'est pas l'affaire d'un savoir qui serait l'objet d'un don et ne serait de ce fait accessible qu'à un petit nombre ; elle relève plutôt d'une compétence spécifique qui est apprise et qui s'exerce sur le mode de la division du travail.

Sous cette forme également, l'autorité a besoin de la confiance afin de pouvoir communiquer la vérité[2]. Cela la distingue d'autres formes d'acceptation de prémisses comportementales établies par d'autres, du pouvoir par exemple. Le premier pas posé par celui qui accorde sa confiance consiste ici dans l'utilisation non critique d'informations que d'autres ont élaborées, dans l'acceptation du risque que l'information puisse se révéler fausse ou différente de ce qui avait été prévu. D'un autre côté, l'objet de la confiance dans le cas de l'autorité fonctionnelle est tout aussi abstrait et insaisissable que dans le cas de l'argent. Il n'est pas rare de retrouver un émetteur authentique, mais celui-ci n'est que le dernier maillon d'une longue chaîne de traitement de l'information. Ainsi, est-ce au pharmacien ou à son assistante, au médecin, à la science ou à la technique que l'on fait confiance ? Certes, la plupart du temps, il est possible de localiser après-coup les erreurs. On connaît aujourd'hui les raisons des effets néfastes de la thalidomide. Mais sur quoi reposait au départ cette confiance globale dans le fait qu'aucune erreur ne s'était glissée dans le traitement de l'information qui avait conduit à la recommandation : « Prenez de la thalidomide ! » ?

Dans ce cas-ci également, une sorte de confiance globale diffuse est en jeu. De quels facteurs en particulier dépend cette confiance dans les experts, nous ne le savons pas[3]. Elle se réfère aux sciences, à la technique, mais aussi à ce formidable savoir factuel qui peut être accumulé et stocké au sein des sociétés fortement différenciées. Ce savoir est un système non pas dans le sens d'une combinaison logiquement close de propositions, mais au sens d'un ordre du comportement communicationnel qui garantit un certain souci et l'observation de certaines règles dans la sélection et l'utilisation des

▲ 1. Cf. I. de S. Pool (« The Mass Media and Politics in the Modernization Process », *in* Pye L. P., ed., *Communications and Political Development*, Princeton, N. J., Princeton University Press, 1963, p. 242) qui fait la remarque intéressante selon laquelle une société qui renonce au statut en tant que source de la crédibilité du savoir présentera un besoin inhabituellement élevé de recourir à la confiance.

▲ 2. L'autorité est donc ici considérée comme étant en toutes ses formes fondée sur la confiance et non pas, à l'inverse, comme si l'acceptation de l'autorité sur la base de la confiance n'était qu'un type d'autorité parmi d'autres.

▲ 3. Dans une recherche empirique portant sur cette question, F. J. di Vesta et ses collègues font ressortir les variables que sont l'assurance de la présentation du jugement de l'expert, le contenu de l'affirmation (pure information ou interprétation) et le caractère acceptable du jugement. Cf. Vesta F. J. (di), Meyer D. L., Mills J., « Confidence in an Expert as a Function of his Judgments », *Human Relations*, 17, 1964, p. 235-242.

prémisses d'une communication. Dans son rapport à un tel savoir, chacun s'en remet au fait qu'au sein du système un nombre suffisant de contrôles de fiabilité sont institués et que ces contrôles fonctionnent indépendamment des structures personnelles de motivation propres aux personnes impliquées, de telle sorte qu'on n'a pas à connaître personnellement ceux qui ont élaboré ce savoir[1].

Enfin, examinons un troisième et dernier exemple, la confiance dans le pouvoir politique légitime. Alors que dans le cas de la confiance dans l'argent et dans celui de la confiance accordée à l'autorité informationnelle, où l'on retrouve, de manière typique, des formes décentralisées de réduction de la complexité, l'organisation du pouvoir politico-administratif produit une centralisation du processus de réduction qui aboutit à la prise de décisions contraignantes[2]. Tant dans les processus de formation de l'opinion politique auxquels est confrontée la bureaucratie d'État, dans ceux à la base de la création du consensus et de l'articulation des intérêts qu'au sein de l'activité décisionnelle de la bureaucratie, une sélectivité organisée et, de ce fait, renforcée est à l'œuvre, sélectivité qui conduit à des décisions, qui, bien qu'elles ne se comprennent pas d'elles-mêmes, n'en sont pas moins pourvues du sceau de la contrainte légitime. Au besoin, elles seront appliquées au moyen de la force. C'est pourquoi le médium de communication dans ce cas-ci n'est ni l'argent ni la vérité, mais le pouvoir.

Il n'est pas facile de dire dans quelle mesure la confiance est nécessaire à ce processus de simplification soutenu par le pouvoir ni à quel endroit il faudrait la situer[3]. Il n'est donc pas étonnant que l'ancien thème de la confiance politique, qui a joué un si grand rôle particulièrement à l'époque qui a suivi la fin des guerres civiles religieuses[4], ait pratiquement disparu de la théorie politique actuelle[5]. La place qu'elle occupe présentement dans la

▲ 1. R. E. Lane dégage une série de problèmes structurels propres à une telle « *knowledgeable society* », dont le problème de la confiance. Cf. Lane R. E., « The Decline of Politics and Ideology in a Knowledgeable Society », *American Sociological Review*, 31, 1966, p. 649-662.

▲ 2. Cf. l'accent mise par H. Heller, sur l'essence de l'État comme « unité exécutive et décisionnelle organisée » qui préfigure les dernières conceptions américaines au sujet des « *binding decisions* » en tant que « *output fonction* » des systèmes politiques. Cf. Heller H., *Staatslehre*, Leiden, Sijthof, 1934, p. 228 et s.

▲ 3. Cf. *supra*, p. 27-28, les remarques sur le rapport entre critère de réussite et nécessité de la confiance.

▲ 4. Cela était fonction de la situation prévalant à cette époque plutôt que d'une théorie de la démocratie. Cf. par exemple, l'appel passionné pour l'abandon de la méfiance et le rétablissement de la confiance dans l'Empire chez « Hippolytus a Lapide » (pseudonyme de Philipp Bogislaw von Chemnitz) dans *De ratione status in imperio nostro romano-germanico*, 1674, 3e partie, chap. 4, p. 549 et s. Cf. également la conception, remontant à Locke du gouvernement en tant que *trust*, conception qui, figée en un droit de délégation, domine encore aujourd'hui le droit constitutionnel américain (*Two Treatises of Civil Government*, édition W.S. Carpenter, Ausgabe der Everyman's Library, London-New York, 1953, Livre 2, chap. 11, p. 183 et s.) Cf. à ce sujet Fraenkel E., *Das amerikanische Regierungssystem: Eine politische Analyse*, Köln, Opladen, 1960, p. 180 et s.

▲ 5. W. Hennis le regrette (cf. Hennis (W.), « Amtsgedanke und Demokratiebegriff », *in* Hesse K., Hg., *Staatsverfassung und Kirchenordnung. Festgabe für Rudolf Smend zum 80. Geburtstag am 15. Januar 1962*, Tübingen, Mohr, 1962, p. 51-70, p. 5 et s.). H. Krüger mentionne certes l'idée selon laquelle la confiance serait le fondement de la conscience de l'État, mais elle n'est pas élaborée plus avant sur le plan théorique et elle se dévoile finalement comme étant

théorie politique relève d'une catégorie « *support* »[1]. En tout cas, le rapport qu'entretiennent les institutions de représentation politico-démocratique du peuple, par lesquelles le réquisit de confiance devrait être opérationnalisé, avec les processus sociaux qui créent réellement la confiance, est encore obscur. Les appels passionnés, qui deviennent routiniers, à la « confiance dans la conduite des affaires politiques », ne l'épuisent pas, bien que cela ne soit pas sans importance lorsque la personnification du parcours du processus décisionnel au sommet du système politique rend possible une confiance quasi personnelle dans la politique.

L'absence de clarté dans les mécanismes de formation de la confiance réside tout d'abord dans le fait que, dans le domaine de la politique, se perdent dans l'indéterminé le moment de la décision de faire confiance, celui du premier pas dans cette direction ainsi que les perspectives sous lesquelles la confiance sera accordée. La métaphore du « contrat social », par lequel des hommes libres à l'état de nature se feraient témoignage de confiance entre eux ou à l'endroit du souverain établi, ne correspond à aucune réalité. Certes, le citoyen vote. Mais l'élection ne consiste pas à confier un mandat de représentation de ses intérêts. L'idée fondamentale officielle de cette institution veut que les représentants élus du peuple doivent décider d'après les critères du bien commun. Mais ils réclament un pouvoir décisionnel souverain et on ne peut faire confiance à un souverain. Le pouvoir décisionnel ultime produit ses propres normes. Ici, la confiance peut à tout le moins se rapporter au fait que les limites de la souveraineté seront respectées.

Ce dilemme entre souveraineté et confiance n'est toutefois qu'une manière exagérée de fixer sur le plan des concepts le problème de la réduction de la complexité politique, lequel n'est pas résolu dans les faits d'une manière aussi tranchée que sur le plan des idées, mais plutôt à travers les multiples étapes de traitement de l'information, étapes qui articulent d'abord les intérêts, sondent les possibilités de consensus, placent des personnes dans certaines positions, testent les propositions généralisées de programme et qui, ensuite, produisent une consolidation préliminaire des obligations à travers des décisions légales, budgétaires ou celles relatives aux lignes directrices, décisions qui peuvent enfin être précisées dans les processus d'« interprétation » et d'« application » liés à une foule de décisions concrètes. Chacune des étapes atteint un nouveau degré de sélectivité qui absorbe de nouvelles informations et exclut certaines alternatives. Ce qui en cela est souverain, c'est précisément ce moment de la réduction, de la limitation de l'horizon décisionnel, de l'exclusion des autres possibilités ; ce processus devient digne de confiance du fait qu'il résulte de nombreuses

---

le principe de la soumission sans critique à l'autorité qui « doit repousser aussi loin que possible le moment où le subordonné, malgré sa disposition à l'obéissance, doit se dire que l'ordre qui lui est intimé doit être testé dans sa validité ». Cf. Krüger H., *Allgemeine Staatslehre*, Stuttgart, Kohlhammer, 1964, p. 209.

▲ 1. Cf. par exemple Parsons T., « "Voting" and the Equilibrium of the American Political System », art. cité ; Easton D., *A Systems Analysis of Political Life*, New York, Wiley, 1965, p. 153 et s.

petites étapes et qu'il est ouvert à l'information en chacune d'elles, de telle sorte que la souveraineté ne peut être exercée d'un seul coup, d'une manière arbitraire donc, bien que le processus qui vise à garantir l'unité de la décision soit géré à partir de positions centrales. Il semble que le système social puisse lui aussi faire l'apprentissage du fait que la confiance se gagne plus facilement dans de petites étapes dont chacune présente des risques peu élevés.

Face à cet ordre dans le traitement de l'information, la confiance du citoyen ne peut plus prendre la forme simple de la confiance, celle dans le fait que ceux qui sont dépositaires du pouvoir public l'exercent conformément aux règles et aux objectifs de ce pouvoir. Nous assistons plutôt à une différenciation de l'état de la confiance. La confiance politique est exigée et accordée à deux niveaux différents de généralisation[1]. Le citoyen nourrit, d'une part, certaines attentes par rapport aux décisions, qu'elles le concernent lui-même ou encore qu'elles concernent le genre de politique qui lui semble approprié ; et il peut utiliser l'élection en tant qu'expression de sa déception ou de sa satisfaction générale. D'autre part, il fait confiance au système politique en tant que tel dans la mesure où il demeure dans ce pays et compte pouvoir y mener une existence digne d'un homme. Les attentes individuelles par rapport aux décisions contiennent certes des critères précis à partir desquels on accorde sa confiance, mais elles n'engagent pas le citoyen d'une manière centrale et elles varient d'un citoyen à l'autre. L'expression de la déception ne peut se généraliser ; elle peut être allégée et demeurer pratiquement sans conséquence. La confiance dans le système est au contraire hautement indéterminée tout en impliquant, d'un autre côté, un engagement et des conséquences qui peuvent être affaire de vie ou de mort. La conjugaison de ces deux niveaux de confiance crée la stabilité de l'ordre général et complexifie la question de la confiance par rapport aux anciennes représentations d'une confiance personnelle accordée aux détenteurs du pouvoir.

Nous pouvons nous résumer tout en approfondissant ce que nous avons dit en affirmant que l'argent, la vérité et le pouvoir constituent des médias généralisés de communication qui servent à la transmission d'une complexité réduite. Ils fournissent aux communications dans leur domaine respectif une capacité de réduction de la complexité d'une manière différente selon le médium, et c'est ce que signifie le concept de « médias »[2]. La réduction de la complexité présuppose la confiance du côté de celui qui l'attend ou qui doit l'accepter comme accomplie. Sous ces deux égards, dans le style de réduction de la complexité et dans la façon dont est présupposée

▲ 1. Cf. à ce sujet les remarques de T. Parsons consacrées au « *political support* » (« "Voting" and the Equilibrium of the American Political System », art. cité).

▲ 2. Comme cela a été le cas dans notre traitement de la vérité en tant que média de communication, nous allons au-delà des énoncés de T. Parsons (cf. *supra*, p. 56, n. 2). Pour une confrontation approfondie avec Parsons, cf. Luhmann N., « Generalized Media and the Problem of Contingency », *in* Loubser J. J., Baum R. C., Effrat A., Lidz V., eds, *Explorations in General Theory in Social Science: Essays in Honor of Talcott Parsons*, New York, Free Press, 1976.

la confiance, les médias sont affectés et modifiés au cours du processus d'évolution civilisationnelle qui conduit à une plus forte différenciation sociale et à une complexité sociétale plus élevée. Cette évolution clarifie et précise la contingence de toute interaction humaine. Non seulement les médias de communication auto-différenciés ne peuvent pas reposer sur l'espoir que « tout se passera bien » ; ils présupposent au contraire un traitement de la sélectivité de l'expérience et de l'agir des autres sous la forme d'une confiance spécifique à ces médias[1]. En même temps, la réduction et la transmission d'une complexité réduite deviennent objet de conscience en tant qu'opération de systèmes de comportement humain et communicationnel qui nécessitent une organisation. Ainsi, la confiance pour ainsi dire ponctuelle dans l'argent qu'on a entre les mains ou celle dans la personne qui nous informe de quelque chose ou la confiance reposant sur une parenté de sang avec le détenteur du pouvoir ne suffit plus comme fondement de la confiance. Les systèmes de réduction exigent et préservent eux-mêmes la confiance.

Il faut toutefois garder à l'esprit qu'un fondement réel minimum est nécessaire et cela vaut autant pour la confiance dans les médias généralisés de communication que pour la confiance en général[2]. Les piliers de la confiance doivent reposer sur un sol. Dans les cas que nous avons examinés, les points d'appui de la confiance se trouvent principalement dans les opportunités d'une communication aux effets assurés : dans la possibilité d'échanger de l'argent contre des valeurs réelles durables[3] ; dans la possibilité, dans le domaine des énoncés au sujet desquels il existe une prétention à la vérité, d'en arriver à un consensus convaincant sur certains thèmes ; dans la possibilité, enfin, de mettre en œuvre des moyens de coercition étatique d'après des règles établies. Ces opportunités communicationnelles étant présentes, la personne qui fait confiance dispose d'un degré suffisant de réalité pour pouvoir, en temps normal, renoncer à les utiliser. Elle fait donc confiance en un double sens à des niveaux différents de généralisation : elle fait confiance à l'efficacité de certaines opportunités communicationnelles en tant que soupape en cas de besoin ainsi qu'au fonctionnement général du système qui accroît immensément l'effectivité de ces opportunités. Normalement, ces deux aspects ne sont pas séparés dans sa conscience et cela rend

▲1. En référence à la différence entre l'espoir et la confiance introduite plus haut (p. 25 et s.), cf. Baum R. C., « On Societal Media Dynamics: An Exploration », in Loubser J. J., Baum R. C., Effrat A., Lidz V., eds, *Explorations in General Theory in Social Science…, op. cit.*

▲2. Cf. l'analyse générale de cette question au chapitre V. On retrouvera une élaboration de cette idée spécifiquement appliquée au cas des médias généralisés de communication chez T. Parsons (« On the Concept of Influence », art. cité, p. 46 et s. et Parsons T., « Die jüngsten Entwicklungen in der strukturell-funktionalen Theorie », art. cité), qui présuppose pour chacun des différents médias une « *basic unit of security* ». Cf. à ce sujet les remarques de R. A. Bauer et la reprise de cette idée chez K. W. Deutsch sous le point de vue de la nécessité de « *damage control mechanisms* » (Deutsch K., *The Nerves of Government…, op. cit.*, p. 122 et s.).

▲3. Contrairement aux dépenses liées à la consommation quotidienne, il doit s'agir de valeurs *durables*, puisque seule cette possibilité peut motiver l'accumulation d'argent au-delà de ce qui est nécessaire à un usage immédiatement prévisible.

possible la généralisation de la confiance dans des processus systémiques hautement abstraits.

Dans tous ces mécanismes généralisateurs, la dimension temporelle devient particulièrement importante et cela explique en même temps la raison pour laquelle ils présupposent la confiance. Si un système dispose de liquidités, il peut ajourner ses décisions tout en les garantissant à l'intérieur d'un domaine toujours ouvert de choix possibles. Il peut former de longues chaînes de liaison d'événements sélectifs sans pour autant connaître d'avance les situations qui sont de ce fait coordonnées ni pouvoir les spécifier[1]. Le système gagne ainsi du temps pour des processus décisionnels complexes de traitement de l'information, processus qui rendent possible une adaptation du système à l'environnement à un niveau plus élevé de complexité. Cela vaut également pour la vérité. Elle permet de maintenir constantes certaines structures de l'environnement, structures à l'égard desquelles le système peut se positionner. Dans la mesure où des vérités attestées sont établies, le système n'a pas à prendre en compte le fait que tout peut se modifier d'un seul coup. Le gain en temps de réaction résulte ici d'une indifférence, qui est sans danger, à l'égard d'une multiplicité d'événements possibles dans l'environnement.

Alors que la confiance peut élargir l'horizon temporel d'un système, la perte de confiance rétrécit cet horizon, ce qui diminue la complexité du système et le potentiel de celui-ci à satisfaire les demandes qui lui sont adressées. Si, en raison d'un manque de confiance, un grand nombre de demandes, qui pourraient être satisfaites à long terme, sont adressées au système en même temps ou du moins dans un court laps de temps, ce sont les possibilités de satisfaction du système qui sont détruites. Celui-ci doit alors, avec une dureté de plus en plus grande, prendre des décisions quant à ce qui est prioritaire et sur les séquences de traitement, ce qui accélère le processus de formulation des demandes. Le système en arrive à devoir rejeter des demandes et à recourir à des moyens drastiques de réduction de la complexité, comme la coercition ou des échanges particuliers avec certains intérêts puissants[2]. Un ordre institutionnalisable peut également être trouvé[3], mais il réside à un niveau de complexité plus bas et sa performance est donc moindre.

Seule une recherche empirique peut évidemment déterminer jusqu'où vont la formation et la généralisation de la confiance dans les cas particuliers et comment elles modifient le style et l'assurance de la confiance. On ne peut anticiper le résultat de cette recherche au moyen d'une réflexion

▲ 1. R. R. Blain voit dans cette fonction de création de chaînes le sens véritable des médias de communication généralisés (Blain R. R., « An Alternative to Parsons's Four-Fonction Paradigm as a Basis for Developing General Sociological Theory », *American Sociological Review*, 36, 1971, p. 678-692).

▲ 2. Au sujet du cercle vicieux déclenché par une perte de confiance, cf. également Parsons T., « Some Reflections on the Place of Force in Social Process », *in* Eckstein H., ed., *Internal War: Problems and Approaches*, New York-London, Free Press, 1964, p. 33-70.

▲ 3. Pour un exemple extrême, cf. Guzmàn C.G., Fals Borda O., Umana Luno E., *La violencia en Colombia, estudio de un proceso social*, Bogota, Ediciones Tercer Mundo, 1962.

théorique dans ce champ d'abstraction. Toutefois, l'ensemble des représentations qu'elle fournit permet d'indiquer dans quelle direction le changement peut se produire.

Toutes les composantes du processus de formation de la confiance semblent se recouper : la nécessité de l'apprentissage et le mode d'apprentissage, le déplacement partiel de la problématique de l'externe vers l'interne et la rétroprojection dans l'environnement pour un contrôle symbolique de l'objet de la confiance. Le passage à une confiance systémique semble faciliter l'apprentissage de la confiance, rendre superflues dans une certaine mesure les garanties internes ou les remplacer par une interaction fonctionnelle, mais il semble au contraire rendre plus difficile le contrôle de la confiance. Ce passage rend la confiance diffuse et, par conséquent, résistante voire même immunisée face aux déceptions individuelles, lesquelles peuvent toujours être expliquées d'une manière spéciale ou être calmées, tandis que la confiance personnelle peut s'effondrer devant des petites trahisons. La confiance systémique n'a pas besoin d'être toujours réapprise.

De plus, la référence au système semble individualiser celui qui fait confiance, elle semble, par exemple, faire prendre conscience de sa situation personnelle à celui qui ne vérifie pas le traitement effectué par d'autres, à celui qui juge le système politique d'après ses attentes individuelles en matière de décisions ou à celui qui peut satisfaire grâce à l'argent toute une constellation de besoins individuels. D'un autre côté, la confiance est si essentielle dans les grands mécanismes de réduction qu'on ne peut, à l'instar de la confiance personnelle, en être conscient comme d'une opération subjective que l'on peut admettre ou refuser. C'est ainsi que la confiance systémique fait rarement partie des thèmes de la vie quotidienne, et cette latence est également une condition de sa garantie.

En outre, une indépendance particulière à l'égard de la situation motivationnelle est caractéristique de la confiance systémique[1]. Comme nous venons de le remarquer, il est rare que l'individu ait l'occasion de mettre en question les motifs pour lesquels il fait confiance ou non à l'argent, au pouvoir politique ou aux vérités attestées par les experts. La motivation de celui à qui l'on fait confiance dans un cas concret en acceptant sa communication (dans la mesure où les personnes concrètes ont une quelconque importance en tout cela) entre tout aussi peu en jeu dans cette question.

▲ 1. On pourrait objecter à l'encontre de cette thèse que la disposition à la confiance personnelle et celle à la confiance systémique dépendent des mêmes facteurs liés à la personnalité et varient de la même manière. Les résultats auxquels a abouti M. Rosenberg vont dans cette direction, mais ils ne tiennent compte que de la disposition à des expressions positives ou négatives, et non pas à un engagement de l'ordre du comportement (cf. Rosenberg M., « Misanthropy and Political Ideology », *American Sociological Review*, 21, 1956, p. 690-695 ; « Misanthropy and Attitudes Toward International Affairs », *Journal of Conflict Resolution*, 1, 1957, p. 340-345). Du reste, il nous faut mettre en doute le fait que les structures de la personnalité soient dans une corrélation aussi directe avec les exigences des systèmes sociaux. Tout se passe probablement comme si la confiance systémique naissait de telle ou telle manière, mais qu'elle affecte les individus d'une manière plus ou moins grande selon leur personnalité, qu'elle doit donc être compensée psychiquement de différentes façons et que ce n'est que la disponibilité des nécessaires mécanismes compensatoires qui devient un problème social.

Cela vient modifier le problème de la déception et la problématique de la présentation qui lui est fondamentale. Alors que, dans la confiance personnelle, on doit pénétrer les présentations, anticiper les déceptions et s'armer contre elles, on fait l'économie de ces réquisits de confiance dans le cas de la confiance systémique. On pourra difficilement parler de déception lorsqu'une banque prête plus d'argent qu'elle ne possède, lorsque l'État émet plus d'ordres que ce qu'il est en mesure d'imposer au moyen des forces policières ou lorsque les avis d'experts contiennent plus d'information que ce qu'il est possible de démontrer de manière plausible par la logique ou l'expérience. Dans ces cas, la généralisation et l'indifférence à l'égard des questions liées à la motivation placent la confiance au-dessus des niveaux auxquels les déceptions sont attendues et constituent des dangers.

Enfin, le contrôle de la confiance systémique exige de plus en plus la présence d'un savoir d'experts. Pour les matières économiques et la vérité, cela va de soi. Même une analyse sommaire des indices du bien-fondé de la confiance en ces domaines n'est à la portée que des connaisseurs. Et l'évaluation des forces et des développements politiques demande aujourd'hui une foule de connaissances détaillées, en particulier en ce qui concerne les personnes, les rôles et les organisations, connaissances qui ne peuvent s'acquérir que par une participation active au processus politique. Le contrôle de la confiance ne peut donc pratiquement s'exercer que comme une occupation principale. Tous les autres doivent s'en remettre à ceux dont ce contrôle est l'occupation première et ils vivent nécessairement en périphérie des événements. En d'autres termes, les contrôles doivent donc être intégrés au sein des systèmes qui réclament la confiance et y être rendus explicites, voire organisés. La confiance dans la capacité fonctionnelle des systèmes inclut celle accordée à la capacité fonctionnelle de leurs contrôles immanents. La tendance à prendre des risques doit être contrôlée à l'intérieur de ces systèmes eux-mêmes.

L'indifférence à l'égard des motifs individuels de la confiance pose des problèmes qui lui sont propres au sein d'une société hautement complexe qui a individualisé l'angoisse et qui a même institutionnalisé l'individualisme à titre d'attente. Comment l'individu doit-il se comprendre lui-même dans l'obligation où il se trouve d'accorder sa confiance sans pouvoir contrôler la confiance elle-même ni la produire ?

Cette question ouvre un vaste champ pour la recherche empirique. Elle ne peut ici trouver une réponse adéquate. On peut supposer que cette situation donne naissance à des thèmes, des problèmes et des valeurs qui lui sont propres, tels le problème et la valeur que constitue la « sécurité »[1]. On ne se trompera pas non plus en posant que la société produit de cette manière les conditions d'une socialisation réussie liée à un apprentissage à long terme, laquelle offre de grandes possibilités de confirmation à un type de personne urbaine, mobile, pouvant s'adapter facilement et distinguant

▲ 1. Je dois souligner que les recherches de F.-X. Kaufmann ont été pour moi stimulantes à cet égard. Cf. Kaufmann F. X., *Sicherheit als soziologisches und sozialpolitisches Problem: Untersuchungen zu einer Wertidee hochdifferenzierter Gesellschaften*, Stuttgart, Enke, 1970.

entre les sentiments et la réalité au moyen de tactiques rationnelles. D'un autre côté, on se tromperait sûrement en spéculant sur certaines solutions psychologiques à ce problème. Puisqu'une société hautement complexe suppose que la solution à ce problème est *générale*, il doit exister différentes possibilités de se positionner personnellement à cet égard, avec plus ou moins de succès ; à défaut de quoi, la société devrait réduire radicalement ses besoins quant à l'existence de différents types de personnalité, fortement individualisés. C'est précisément cette nécessité de la diversité qui nous empêche d'approfondir davantage ce thème[1].

Toutes ces réflexions nous poussent à conclure que la confiance systémique a intégré en elle certaines fonctions et caractéristiques propres à la familiarité (qu'elle se situe donc au-delà de la confiance et de la méfiance manifestées sur un mode personnel[2]). Et pourtant il ne s'agit pas simplement d'une familiarité avec les systèmes, mais d'une opération beaucoup plus problématique. Bien que la confiance systémique soit accordée plus ou mois en bloc et de manière plus ou moins latente, elle est toutefois fondamentalement différente de la familiarité du monde quotidien vécue d'une manière « naïve ». Au sein de la confiance systémique s'exprime la conscience du fait que toutes les opérations sont *produites*, que toutes les actions ont été *décidées* en comparaison avec d'autres possibilités. La confiance systémique se fonde sur des processus *explicites* de réduction de la complexité, donc sur des hommes, et non sur la nature. Les grands processus civilisationnels qui conduisent à la confiance systémique confèrent à l'humanité une position stable par rapport à la contingence d'un monde complexe ; ils lui offrent la possibilité de vivre avec l'idée que tout pourrait être autrement. En eux, c'est la contingence sociale du monde qui peut devenir objet de conscience. Cela ouvre ainsi à la pensée la question de la confiance transcendantale dans la constitution systémique du monde.

▲ 1. Le chapitre XI, consacré à la disposition à la confiance, ne pourra réaliser cette nécessaire division des divers mécanismes systémiques de formation de la confiance, qui sont fonctionnellement équivalents. Il ne pourra qu'approfondir la problématique.

▲ 2. Le résultat de la recherche empirique conduite par F.-X. Kaumann indique également qu'il faut distinguer deux niveaux différents ou deux échelles différentes dans le problème de la confiance.

Chapitre VIII

Conception tactique : la confiance comme opportunité et contrainte

Dans les deux chapitres précédents, nous nous sommes surtout intéressés aux systèmes qui veulent ou doivent faire confiance. Nous passons maintenant à ceux qui veulent ou doivent mériter la confiance. Dans les deux cas, l'environnement du système constitue ce qui pose problème. Encore une fois, nous remettons à plus tard la question des présuppositions intrasystémiques à partir desquelles la confiance peut être accordée ou réclamée.

L'analyse de l'acte d'accorder sa confiance nous a déjà donné l'occasion d'aborder des considérations tactiques. L'apprentissage, l'intériorisation ainsi que le contrôle symbolique de l'objet de la confiance, nous invitait à poser la question de savoir si un système se comportait de manière fructueuse d'une façon ou d'une autre. Pour nous cependant – comme pour le système qui fait confiance – ce qui importait, c'était l'analyse des structures environnementales qui facilitent ou rendent plus difficile, selon le cas, l'acte de confiance. Le changement de perspective que nous opérons maintenant accorde la primauté aux considérations tactiques. Le problème n'est pas alors de savoir qui mérite la confiance, mais comment il la mérite.

Il peut y avoir à titre de cas-limites des personnes ou des systèmes sociaux qui méritent la confiance simplement du fait qu'ils demeurent ce qu'ils sont d'une manière fixe et immuable. Une telle ontification du substrat de la confiance et de la présentation théorique qui lui correspond au moyen de la représentation de qualités ou de vertus dignes de confiance, suppose un environnement qui est immuable, qui ne pose aucun danger et qui est peu complexe (ou encore un « au-delà » compensatoire qui explique l'inexpliqué et guérit les blessures). Au sein d'un environnement mobile, dont la complexité devient consciente avant tout dans une perspective sociale, cette attitude comporte des dangers pour le maintien du système et, donc, pour la possibilité de maintenir la confiance. Les systèmes qui peuvent expérimenter la confiance dont ils jouissent au sein de leur environnement comme un problème et s'en occuper comme tel sont plus élastiques, plus complexes et davantage susceptibles de se maintenir comme systèmes. Ils perdent en spontanéité, mais gagnent en réflexivité. Leur auto-présentation devient plus consciente et davantage adaptée à un positionnement par rapport aux conditions plus complexes.

La confiance qui leur est accordée doit donc s'élever à ce même niveau de réflexivité, sinon elle se sentira constamment déçue. Elle ne se rapporte plus au fait que l'autre demeure ce qu'il est, mais au fait que son auto-présentation se poursuit et qu'il se sent lié par l'histoire de celle-ci. À mesure que cette réflexivité devient consciente, la confiance personnelle devient une variante de la confiance systémique. C'est d'abord la confiance dans la réflexivité de l'auto-présentation qui constitue une confirmation de la continuité d'un comportement adapté à des conditions difficiles et changeantes. C'est uniquement cette forme de confiance qui considère réellement l'autre homme comme un être libre, et non seulement comme un être doté de certaines propriétés constantes. Seule cette forme de confiance peut prendre conscience de la fonction de la confiance, de la fonction de la réduction de la complexité eu égard à la liberté d'autrui, et y trouver là son orientation. Considérée d'un point de vue opposé, une théorie fonctionnelle de la confiance, telle qu'elle est recherchée ici, n'acquiert une valeur de réalité que si et pour autant que l'ordre social est en mesure de rendre psychologiquement possible et d'institutionnaliser socialement la confiance dans des présentations réfléchies.

Le fondement à la base de toute confiance est la présentation du soi propre en tant qu'identité sociale se construisant dans des interactions et correspondant à l'environnement. Celui qui se présente d'avance comme inapprochable – et cela peut se produire de manières très diverses : par une réaction de rejet, par le fait de poursuivre son chemin à la hâte, par des manquements à ce qui est courant en matière d'apparence ou de comportement qui témoignent du fait qu'on accorde aucune valeur à ce genre de choses –, celui qui prend ainsi ses distances ne gagne pas la confiance d'autrui, car il n'offre par là aucune possibilité d'apprentissage et de vérification. Il peut bien se révéler un facteur relativement important dans la situation ; peu importe, on ne lui fait pas confiance. Celui qui veut gagner la confiance doit participer à la vie sociale et être en mesure d'intégrer les attentes d'autrui dans son auto-présentation.

C'est la règle de base. Il ne faut toutefois pas la confondre avec un pur conformisme. Au contraire ! Nous avons déjà vu que le fait de se conformer aux rôles n'offre que peu d'opportunités pour une auto-présentation[1]. Celui

▲ 1. Nous ne pouvons donc pas nous appuyer sur un concept de l'« identité » sociale qui, sur la base des principes posés par G. H. Mead, K. Burke et E. Goffman, semble se répandre aux Etats-Unis et déboucher sur la constitution du Soi à travers la satisfaction d'exigences liées à des rôles spécifiques à une situation donnée. Cf. Strauss A. L., *Mirrors and Masks. The Search for Identity*, Glencoe, Ill., Free Press, 1959 ; Gross E., Stone G. P., « Embarrassement and the Analysis of Role Requirements », *American Journal of Sociology*, 70, 1964, p. 1-15.

qui se borne à s'adapter ne sera pas du tout visible en tant que Soi et, pour cette simple raison, on ne peut lui faire confiance pas plus qu'à celui qui ne fait que passer. Le chemin qui conduit à la confiance passe par une prise de position modifiable à l'égard des attentes d'autrui. On peut les remplir d'une manière plus complète que ce qui était attendu ou encore d'une autre manière. Là où l'indifférence était attendue, un don peut également convaincre, pourvu qu'il ne soit pas trop considérable ; là où des remarques prudentes et réservées sont la norme, on peut également marquer des points par des légèretés réfléchies. Même les supérieurs hiérarchiques, qui sont habitués de la part de leurs subordonnés à des égards respectueux et à l'absence de toute critique, ne manqueront pas d'être impressionnés par une prise de position qui va droit au but de manière audacieuse et insouciante des conventions, pour autant que cette intervention soit dosée, ne confine pas à l'insignifiance et ne soit pas exagérée sur le plan des familiarités. La réception tactique de telles stratégies de confiance repose sur la connaissance des possibilités fonctionnellement équivalentes et sur le respect de leurs limites. Celui qui acquiert la confiance personnelle d'un autre échange avec son partenaire des attentes standardisées contre des attentes dont il est le seul à pouvoir garantir la satisfaction en tant qu'il est cette personnalité individuelle dotée de son propre style.

Toute auto-présentation crée une obligation, cela déjà du fait qu'elle présente un Soi pour lequel une identité est revendiquée. Pour demeurer le même, on doit demeurer de la façon dont on s'est montré. Il est possible à certains égards de trouver de bonnes raisons pour s'écarter de celui qu'on a été ou encore de réinterpréter l'histoire de son auto-présentation de façon à ce que la nouveauté apparaisse comme une conséquence de ce qui a été. Mais de telles reformulations ne sont réalisables que sur la base d'un Soi qui demeure par ailleurs constant et qui conserve son intégrité[1]. Ce n'est pas un hasard si les premiers sociologues avaient déjà pu observer que l'étranger qui n'est pas familier jouit de plus de liberté et peut agir d'une manière non contrainte[2]. Celui qui est là depuis longtemps, qui est connu, qui a fait confiance et qui a joui de la confiance des autres est de ce fait pris avec son auto-présentation dans un réseau de normes qu'il a contribué à créer et dont il ne peut se retirer sans y laisser des parties de son Soi, à moins qu'il ne disparaisse complètement de la scène et ne laisse que l'illusion qu'il demeure le même en d'autres lieux.

À mesure que la question de la confiance devient le point central de la relation, auquel on prête attention de manière consciente, cette auto-

---

Précisément dans la perspective de son identité symbolique, le Soi est bien plus qu'une séquence d'identités changeantes liées à des rôles, et la mort de celui-ci ne peut, même si l'on ne tient compte que de la valeur de symbole de ce fait, être réduite à un « non-scheduled status-passage ». cf. Glaser B. G., Strauss A. L., « Temporal Aspects of Dying as a Nonscheduled Statuspassage », *American Journal of Sociology*, 71, 1965, p. 48-59. Ces deux sortes d'identité sont clairement distinguées chez Goffman E., *Stigma. Notes on the Management of Spoiled Identity*, Englewood Cliffs, N. J., Prentice-Hall, 1963, p. 51 et s.

▲ 1. Cf. à ce sujet Berger P. L., *Invitation to Sociology: A Humanistic Perspective*, Garden City, N. Y., Doubleday, 1963, p. 54 et s.

▲ 2. Cf. notamment Simmel G., *Soziologie…*, *op. cit.*, p. 509 et s.

contrainte acquiert un style nouveau, plus impersonnel pour ainsi dire. Cela présuppose un certain niveau de spécification des perspectives sous lesquelles la confiance devient pertinente. Le Soi est alors présenté d'emblée de manière à être digne de confiance. L'auto-contrainte est anticipée sous la forme d'une soumission aux conditions de la confiance. Celui qui se présente se montre intéressé à une relation de confiance, il cherche à gagner la confiance. À mesure que cet intérêt se dévoile et que la manipulation de la présentation devient perceptible, celui qui fait confiance peut appuyer sa confiance sur ce fait et guider le comportement de celui qui se présente au moyen de son intérêt dans la mesure où il porte à l'attention de celui-ci les conditions de la poursuite ou de l'arrêt de la confiance qu'il lui témoigne.

C'est ainsi que, au sein des grandes organisations dans lesquelles le champ officiel des responsabilités dépasse largement dans les postes supérieurs la capacité de responsabilité de l'individu (notamment la capacité de traiter l'information), émergent des relations personnelles de confiance très caractéristiques entre les supérieurs et leurs subordonnés, entre les postes décisionnels et le personnel, entre les parlementaires et les hauts fonctionnaires. Dans ces relations, l'une des parties se trouve dans l'obligation de faire personnellement confiance en raison de la surcharge de responsabilités qui lui incombe, confiance qui ne peut être avouée de manière officielle ni déclarée, tandis que l'autre partie saisit cette confiance, sent bien ses conditions et ses limites, la cultive et l'utilise comme base de l'influence qu'elle peut exercer sur la partie qui lui accorde sa confiance, et elle la justifie par un comportement approprié puisque autrement la symbiose avantageuse pour les deux parties ne pourrait se maintenir à long terme[1]. Une telle relation se prête peu à de fortes déceptions, car cela porte-

▲1. Cf. à ce sujet les développements instructifs autour des relations de confiance entre les fonctionnaires britanniques chez H. E. Dale (*The Higher Civil Service of Great Britain*, London, Oxford University Press, 1941), au sujet des relations entre la base syndicale et les intellectuels chez H. L. Wilensky (*Intellectuals in Labor Unions. Organizational Pressures on Professional Roles*, Glencoe, Ill., Free Press, 1956, p. 224 et s. à propos de l'anatomie de la « *confidence* »), entre les lobbyistes et les politiciens à Washington chez L. W. Milbrath (*The Washington Lobbyists*, Chicago, Rand McNally, 1963, p. 286 et s.), et sur les relations entre les représentants de l'administration et les députés à l'occasion des discussions budgétaires au sein des comités parlementaires chez A. Wildavsky (*The Politics of the Budgetary Process*, Boston-Toronto, Little Brown, 1964, pour le problème de la confiance, cf. p. 74 et s.) ; en référence à l'expérience allemande, cf. F. Mayer (« Geschaftsgang », *in* Morstein Marx F., Hrsg., *Verwaltung: Eine einführende Darstellung*, Berlin, Duncker & Humblot, 1965, p. 298-314, p. 308 et s.) ; en ce qui concerne en général la relation de confiance entre l'« executive » et ses « principals », cf. en outre Braybrooke D., « The Mystery of Executive Success Re-Examined », *Administrative Science Quarterly*, 8, 1964, p. 533-560, p. 542 et s. La thèse habituelle, répétée comme une formule dans les sciences de l'organisation, selon laquelle la délégation exigerait la confiance (cf. par exemple Allen L. A., *Management and Organization*, New York-Londres-Toronto, McGraw-Hill, 1958, p. 135 et s. ; Baum B. H., *Decentralization of Authority in a Bureaucracy*, Englewood Cliffs, N.J., Prentice-Hall, 1961, p. 86), ne donne pas une image juste de la délicatesse, des exigences stratégiques et des éléments osés au sein d'une telle relation. Elle se contente plutôt d'un appel moralisateur à l'endroit des supérieurs à l'effet de se convaincre de faire confiance. Et les recherches empiriques habituelles sur les organisations ne parviennent pas non plus, avec leurs méthodes d'entrevues et de questionnaires, à cerner ce phénomène que constituent ces stratégies réflexives de présentation et de vérification, stratégies complexes et subtiles.

rait très rapidement, dans le cadre de relations continues, les exigences de présentation à un niveau intenable. Celui qui fait confiance exerce un contrôle symbolique immédiat sur sa confiance et cela fait en sorte que pour celui qui se présente il devient extrêmement risqué et, partant, non rentable de maintenir comme règle une discordance entre l'être et le paraître.

Ces analyses démontrent très clairement l'arrière-fond de toute formation de la confiance : le problème de la complexité. Celui qui fait confiance se décharge par là de la complexité qu'il ne peut supporter. Celui qui veut faire mauvais usage de cette confiance doit assumer lui-même cette complexité. Il doit prendre sur lui de complexes exigences comportementales, il doit s'assurer de maîtriser dans une large mesure les informations pertinentes et d'avoir un contrôle sans faille sur les informations auxquelles a accès celui qui lui fait confiance, de telle manière qu'il court lui-même le risque de crouler sous la pression de la complexité[1]. Une limitation temporelle de la rupture de la confiance et, pour autant que faire se peut, du contact avec la personne déçue fait donc partie des plus importantes stratégies de tromperie, réductrices de complexité. Les relations adultères, dans lesquelles cela n'est pas possible, présentent, comme on le sait, des exigences comportementales élevées et il est rare qu'elles soient le fruit d'une réflexion minutieuse. Dans toutes les relations durables, il est plus facile de justifier la confiance en tant que règle comportementale, même si cette règle ne met pas celui qui accorde sa confiance à l'abri d'exceptions qui sont le fruit d'une réflexion et qui sont bien assurées.

La communication d'un intérêt à l'égard de démonstrations de confiance, l'auto-présentation en tant que personne digne de confiance, le fait de s'en remettre à la confiance et de la témoigner en retour constituent autant d'efforts pour intensifier et généraliser les relations sociales, lesquelles, du moins en ce qui concerne les relations durables, sont tout autant des opportunités que des contraintes. Un moment de contrôle social est donc inclus au sein des relations de confiance. La confiance s'accumule comme une sorte de capital qui ouvre davantage de possibilités en vue d'un agir à longue portée, mais qui doit faire l'objet d'une utilisation et de soins constants et qui contraint celui qui en fait usage à une auto-présentation digne de confiance, auto-présentation dont il ne peut se soustraire qu'avec difficultés. On peut gagner la confiance au moyen d'une auto-présentation trompeuse, mais on ne peut la conserver et l'utiliser régulièrement en tant que capital disponible que si l'on poursuit la tromperie. L'apparence se change alors imperceptiblement en réalité, les qualités qui ont été mises de l'avant de manière trompeuse deviennent alors une habitude. La confiance éduque. Cela vaut tout autant sur le plan émotionnel que sur le plan tactique et cela neutralise les dangers que présente un contrôle purement tactique des relations de confiance. Le lien sentimental à l'égard de la confiance témoignée constitue en même temps une continuation à l'interne de la réduction de la complexité, une simplification de la réaction par l'intériorisation des atten-

▲ 1. Goffman fournit des analyses détaillées de cette problématique. Cf. Goffman E., *Strategic Interaction, op. cit.*

tes de celui qui fait confiance. Ce n'est pas là la seule manière de réagir adéquatement à la confiance, ni celle qui témoigne de la plus grande maturité. Celui qui, au contraire, ne se laisse pas mobiliser et affecter uniquement sur un mode émotionnel par un témoignage de confiance, mais qui prend part à la planification de la relation de confiance, de ses thèmes et de ses limites, sera plus à même de reconnaître les avantages d'une réduction commune de la complexité.

La consolidation de la confiance traduit donc sous une nouvelle forme, sous une forme avantageuse, le problème originaire de l'ordre social, soit l'existence d'un *alter ego* libre, mais elle est soumise à de nombreuses conditions. Plutôt que de s'armer contre l'imprévisibilité de l'autre dans la pleine complexité de l'ensemble des possibilités, on peut aussi chercher à réduire la complexité, notamment en se concentrant sur la création et le maintien d'une confiance mutuelle et en agissant de manière sensée par rapport à ce problème plus étroitement défini. Il est à présumer que plus cela est fait de manière consciente, mieux sont utilisées les possibilités qui en résultent.

Chapitre IX

La confiance dans la confiance

Les mécanismes sociaux de la connaissance, de la formation de normes, de l'apprentissage, de la confiance et de l'institutionnalisation des attentes comportementales, mécanismes sociaux élémentaires et se déroulant de manière non réfléchie, sont insuffisants dans le cas des ordres sociaux fortement différenciés. Les relations qui existent entre ces domaines sont à ce point complexes qu'il devient rentable et même nécessaire d'amener ces mécanismes sous une forme réflexive. Sous cette forme, ils sont appliqués à eux-mêmes et sont ainsi potentialisés dans leurs effets[1]. Lorsque leur forme réflexive en vient à être institutionnalisée, elle offre de tels avantages et l'ordre social en devient si dépendant qu'il devient pratiquement impossible de retourner à des états plus simples[2]. Les mécanismes réflexifs étendent le potentiel de complexité de l'ordre social et accroissent, de ce fait, les perspectives de conservation du système social dans lequel elles sont institutionnalisées. Certes, elles possèdent des effets dysfonctionnels importants, particulièrement dans les époques de transition. Mais, à ce nouveau niveau d'organisation sociale, ces effets sont perçus comme des problèmes secondaires ; ils entraînent des opérations secondaires et, dans la mesure où il est possible de les traiter à titre de charges comportementales supportables, ils finissent pas servir, en tant que difficultés surmontées, à la stabilisation de l'ensemble.

L'apprentissage de l'apprentissage est l'un des exemples les plus importants et dont la portée est la plus grande d'une telle application-à-soi de mécanismes simples. Sous sa forme élémentaire, l'apprentissage se fait pour ainsi dire de manière incidente, en tant qu'effet secondaire du comportement et de la perception des effets de celui-ci. Ce n'est que l'auto-différenciation et l'autonomisation du processus d'apprentissage qui permettent de le concentrer, d'en faire une activité systématique de longue haleine et ce n'est qu'alors qu'il devient rentable de consacrer une partie des forces à la

▲ 1. Pour plus de détails, cf. Luhmann N., *Soziologische Aufklärung*, *op. cit.*, p. 92 et s.

▲ 2. Cf. à ce sujet Parsons T., « Evolutionary Universals in Society », *American Sociological Review*, 29, 1964, p. 339-357.

rationalisation du processus d'apprentissage ainsi qu'à l'apprentissage de l'enseignement et de l'apprentissage. Dans une large mesure, l'accroissement de la capacité d'apprentissage qui peut être atteinte par là ne se réalise que si l'auto-différenciation du processus d'apprentissage est transférée, du niveau de l'action individuelle, à celui du système social. Il devient alors possible de poursuivre l'activité d'apprentissage de manière coopérative au sein de systèmes sociaux fonctionnellement institués spécifiquement à cette fin, à savoir des écoles.

La normalisation des attentes comportementales en est un autre exemple. À l'origine, elle est un pur produit dérivé de la vie en société, notamment le fait de conserver ses attentes même lorsqu'elles sont déçues. Les normes qui sont formées de cette manière acquièrent leur stabilité par une rétro-projection dans le passé[1]. Le droit ancien est ainsi le bon droit et sa qualité normative est soustraite à toute intervention humaine. Ici également, l'innovation n'entre en jeu[2] qu'à travers la réflexivité et celle-ci signifie ici la positivisation du droit. Pour que le droit puisse être posé, la position de normes doit elle-même être normée, un système doit se créer, par exemple sous la forme d'une « constitution », un complexe de normes formelles de contrôle qui opèrent une régulation du comportement ainsi qu'une présélection abstraite de normes juridiques autorisées.

Avec la positivisation du droit et la positivisation des finalités se développant en parallèle, l'organisation décisionnelle étatique devient souveraine au sens véritable du terme. Et son pouvoir doit lui aussi être organisé de manière réflexive : des formes de contrôle de celui qui détient le pouvoir ainsi que des formes du changement légitime de pouvoir doivent être institutionnalisées. Ce n'est que lorsque le contrôle du pouvoir est garanti que le potentiel du pouvoir peut sans crainte être décuplé.

On doit admettre que l'accroissement de la différenciation sociale fait en sorte que d'autres mécanismes élémentaires et d'autres encore, plus exigeants, doivent devenir réflexifs ; la possibilité d'acheter l'argent est un exemple aussi connu que celui de la recherche sur la recherche au moyen de sciences réflexives comme l'épistémologie, la logique et la méthodologie. Les mécanismes d'auto-présentation et de formation de la confiance n'échappent pas non plus à cette tendance à la réflexivité, bien que la réflexivité prenne dans ce contexte une forme dont les niveaux ne sont pas aussi définis et qui, pour cette raison, n'est pas reconnaissable aussi facilement. Elle prend ici la voie d'une conscience accrue de la fonction assumée, d'une

▲ 1. La dimension temporelle peut donc également être mobilisée pour délester la dimension sociale. Cela peut être établi en s'appuyant sur notre discussion (chapitre II) des rapports constitutifs existant entre la dimension temporelle et la dimension sociale.

▲ 2. L'idée médiévale d'une hiérarchie de lois plaçant le droit positif au rang le plus bas a joué un rôle important dans le passage du droit traditionnel au droit positif. L'idée de hiérarchie contient d'une manière générale la notion de réflexivité, d'application à soi-même et elle légitime en même temps une flexibilité limitée dans la mesure où elle permet à chaque niveau une modification du niveau inférieur d'après les critères du niveau supérieur. Cf. à ce sujet Luhmann N., *Rechtssoziologie*, Reinbek, Rowohlt, 1972, vol. 1, p. 190 et s. ; vol. 2, p. 213 et s.

perception lucide des principes et des fonctions de la création de la confiance.

Cette perception lucide est d'un style différent de celui lié aux efforts visant à s'assurer de manière immédiate qu'une personne est digne de confiance. Elle ne cherche pas en effet, par un regard direct sur son objet, à savoir toujours plus exactement si la confiance qui lui est accordée est justifiée ou non et donc à remplacer en fin de compte la confiance par le savoir et ainsi à rendre la première superflue. Elle prend plutôt ses distances, réfléchit à la fonction et aux conditions fonctionnelles de la confiance ; elle part ainsi de la nécessité d'extrapoler les informations et elle intègre réflexivement la confiance au sein des mécanismes de création de la confiance. Elle perçoit comme une apparence construite le monde des contacts sociaux constitué au moyen d'un travail sur les symboles, une apparence qui, toutefois, fournit une base propice à la poursuite des contacts, dans la mesure où chacun observe les règles du jeu et collabore en toute confiance au maintien de la présentation.

Fondamentalement, l'opposition ontologique entre l'être et l'apparence se prête mal à la saisie de cette relation réflexive[1]. Car ce que nous nommions apparence est la réalité lorsqu'elle est utilisée en tant que prémisse de l'expérience et du comportement futurs[2]. Il s'agit d'une seconde réalité. Il est vrai que la réalité d'identités présentées à l'aide de symboles, la réalité de la réduction de la complexité sociale est particulièrement sensible aux perturbations. Mais en fin de compte toute réalité est destructible. Cela ne suffit pas pour classer ce qui est destructible au rang de l'apparence et ce qui détruit au nombre de l'être[3].

▲ 1. La dichotomie entre l'être et l'apparence possédait dans le contexte intellectuel de la métaphysique ontologique une fonction spécifique, notamment celle d'expliquer que l'étant apparaissant dans le monde pouvait ne pas être, qu'il pouvait se mouvoir, se corrompre, devenir simplement possible, alors que l'être véritable ne pouvait pas ne pas être. Le monde phénoménal est devenu de plus en plus le monde de l'apparence à mesure que progressait la connaissance des autres possibilités. La dichotomie a perdu sa fonction et son sens dès que l'on a pris ses distances par rapport à la prémisse ontologique selon laquelle l'être exclut le non-être et que l'on a admis que tout pouvait être autrement.

▲ 2. La célèbre proposition de W. I. Thomas selon laquelle une situation définie comme réelle est de ce fait réelle dans ses effets rend compte partiellement de ce phénomène, mais d'une manière insuffisante. Ce n'est pas seulement l'interprétation (erronée) d'une situation en tant que réelle, mais aussi l'orientation sociologico-réflexive sur la proposition de Thomas qui peut rendre réelle une définition de la situation dans la mesure où toutes les personnes impliquées s'en remettent au fait que la l'acte de définir fonctionne comme le dit la proposition.

▲ 3. Cf. également dans le même sens Goffman E., *The Presentation of Self in Everyday Life*, *op. cit.*, p. 65 et s. Cf. de plus Roethlisberger F. J., Dickson W. J., *Management and the Worker*, Cambridge, Mass., Harvard University Press, 1939, p. 276 et s. qui recommandent à l'interviewer, lorsqu'il est confronté à des auto-présentations et à d'autres identifications sociales, de ne pas se soucier de la question de la vérité au sens d'une relation à une réalité fondamentale. La même exclusion de l'opinion naïve au sujet de la réalité de l'être se retrouve dans le procédé méthodologique que la phénoménologie transcendantale nomme « réduction ». Pour une présentation exhaustive, cf. Husserl E., *Die Krisis der europäischen Wissenschaften und die transzendentale Phänomenologie*, *op. cit.* La prémisse ontologique exclusive de l'ontologie métaphysique est de ce fait remplacée par le principe de la réflexivité.

À la lumière de cette réflexivité, la confiance personnelle devient en grande partie confiance dans la discipline, dans l'expression et dans le tact[1]. Elle peut être perçue sous cette forme sans pour autant perdre sa fonction. C'est précisément lorsqu'on perçoit la présentation de son partenaire en tant que telle qu'il est possible, en se fondant sur ce fait de manière consciente, de déterminer si elle sera maintenue et jusqu'à quel point, quelles tensions elle est en mesure de supporter sans s'effondrer, à quel contexte de rôles elle appartient et où se trouvent ses points faibles que l'on ne peut dévoiler, à moins de le faire dans une intention précise et en acceptant la responsabilité quant aux conséquences éventuelles. Et, inversement, le tact perceptif du partenaire, en particulier là où il est institutionnalisé socialement et qu'il peut faire l'objet d'une attente, constitue une garantie pour la sécurité de sa propre présentation et il facilite de cette manière l'apprentissage d'une confiance en soi indépendante des sentiments. C'est ainsi que le tact perceptif rend possible en tant que fondement de la confiance un guidage relativement sans heurts des contacts sociaux, il permet de contourner les embarras ou les sensibilités personnelles, d'éviter les effondrements et les pertes de contrôle émotionnelles de ses réactions et il rend ainsi les interactions plus durables et plus efficaces en tant que matériau de base de systèmes sociaux plus étendus et plus complexes[2].

La confiance perceptive possède un avantage considérable sur la confiance spontanée : elle exige de celui qui accorde sa confiance davantage de considérations et de réflexion. Il ne fait pas directement confiance à l'autre homme ; il fait confiance aux raisons pour lesquelles la confiance « fonctionne malgré tout ». D'autres possibilités sont en cela toujours présentes à la conscience. Ce que cela signifie, nous pouvons le déterminer en rapport avec la fonction de réduction de la complexité assumée par la confiance. La confiance perceptive remplit moins bien cette fonction que la confiance spontanée. Elle impose à l'acteur un plus grand fardeau en termes de complexité et elle est de ce fait psychologiquement plus difficile. On ne pourra donc l'espérer qu'en tant que performance exceptionnelle dans des conditions particulièrement assurées et se confirmant de manière constante, par exemple en tant que mode comportemental d'une couche sociale élevée ayant bénéficié de la même éducation, d'une bureaucratie de fonctionnaires ou dans des domaines d'action spécifiques tels la politique ou l'économie dont les effets sur les autres domaines de l'existence peuvent être relativement bien contrôlés. Il ne serait possible d'étendre la conscience perceptive en tant qu'attitude sociale universelle que dans la mesure où l'on réussirait à

▲1. H. Garfinkel (« A Conception of, and Experiments with, "Trust" as a Condition of Stable Concerted Actions », art. cité, p. 238), note lui aussi que l'on doit se représenter une personne qui fait confiance ou à qui l'on fait confiance comme quelqu'un qui peut maîtriser l'écart entre les attitudes prescrites en rapport avec la réalité « *in such a fashion as to maintain a public show of respect for them* ». Cf. en outre les observations relatives à un recul du seuil de la honte et des frontières de la sollicitude au cours de l'évolution civilisationnelle chez Elias N.) *Über den Prozeß der Zivilisation. Soziogenetische und psychogenetische Untersuchungen*, Basel, Haus zum Falken, 1939, vol. II, p. 397 et s.

▲2. Cf. à ce sujet Luhmann N., *Funktionen und Folgen formaler Organisation*, Berlin, Duncker & Humblot, 1964, p. 358 et s., p. 371 et s.

stabiliser les systèmes d'action personnels et sociaux et à les rendre visibles dans leurs conditions fonctionnelles.

Ces réflexions renforcent notre hypothèse selon laquelle la confiance personnelle, dans les conditions civilisationnelles, devient une sorte de confiance systémique, une confiance dans la capacité des systèmes à maintenir identiques des états ou des opérations à l'intérieur de limites déterminées. D'autres exemples de confiance systémique révèlent également cette caractéristique qui consiste à s'en remettre de manière réfléchie à des fictions, des fictions qui fonctionnent. Par exemple, qu'on en fasse partie ou non, on fait confiance aux grands systèmes organisationnels de traitement des choses ou des données, bien que l'on sache que les buts de ces systèmes ne sont pas les buts des hommes qui sont à l'œuvre au sein de ceux-ci, mais qu'au contraire on doit employer des moyens détournés complexes, sensibles aux perturbations et incompréhensibles pris isolément pour motiver les personnes qui y participent à produire par exemple de la marmelade ou des polices d'assurance. On fait confiance dans le pouvoir d'achat de l'argent bien que l'on sache que la valeur de l'argent est surévaluée et qu'elle n'est pas couverte par une valeur correspondante au sein des institutions créatrices d'argent, mais qu'elle repose plutôt sur l'attente, confirmée par l'expérience, que tous ne voudront pas échanger en même temps leur argent contre des valeurs réelles[1]. On s'en remet au fait que l'État a le pouvoir d'assurer la paix et de décider des problèmes bien que l'on sache que sa puissance de contrainte ne suffirait pas si une proportion importante de la population se rebellait en même temps ou si elle se refusait à reconnaître les décisions.

Le fait que dans tous ces cas soit inclus un moment de réflexivité est une caractéristique de la confiance civilisationnelle. La confiance ne se rapporte pas au fait que la vérité sur un objet est connue dans ses grandes lignes, mais plutôt au fait que la réduction de la complexité est un succès, que l'acceptation du risque qu'elle inclut se trouve avérée au sein de la vie sociale et devient un motif dont la confirmation se poursuit. C'est donc que la confiance se rapporte à elle-même, au fait notamment qu'elle est en mesure de continuer à remplir sa fonction. Et, sous cette forme, elle peut être davantage performante, absorber plus d'incertitude tout en risquant moins.

En y regardant de plus près, on peut distinguer plusieurs formes différentes de confiance dans la confiance selon le type de confiance dans lequel la confiance se porte. L'individu peut en premier lieu faire confiance à sa propre confiance dans la mesure où il peut sentir ses propres sentiments ou réfléchir sur ce qu'il pense ; il peut en outre avoir confiance dans le fait que les autres lui font confiance et, finalement, il peut avoir confiance dans le fait que les autres font confiance à un tiers de la même manière que lui. Selon la forme choisie, les possibilités d'application, les risques et les problèmes inhérents diffèrent.

▲ 1. T. Parsons a une formule qui exprime parfaitement cette réflexivité : « *The rational ground for confidence in money is that others have confidence in money...* »

Les deux premiers cas appartiennent de manière typique au domaine de la confiance personnelle. Je peux faire confiance à ma propre confiance en un autre si j'attribue à ma confiance la capacité de motiver l'autre, lorsque je perçois donc l'effet sur le partenaire d'être objet de confiance. Par cette réflexion, je peux me donner une raison supplémentaire de faire confiance. En présence d'un risque accru, il en résulte davantage de possibilités de faire confiance. Ou encore je peux faire confiance dans la confiance que les autres me portent. Cela me permet d'appuyer mes plans d'action sur la confiance d'un autre, que ce soit pour la décevoir ou encore pour m'en délester. Par exemple, je peux mettre de côté mes stratégies de prudence en matière d'auto-présentation si je suis certain que l'autre « comprendra » si je le critique, le taquine ou l'ennuie. Comme toute structure processuelle réflexive, cet accroissement du potentiel de la confiance doit également affronter un double risque, d'abord le fait que je puisse soudainement me mettre à douter de la confiance de l'autre, me demandant si elle va aussi loin que je l'ai supposé et, en second lieu, que l'autre, sans que je m'en rende compte, puisse perdre confiance dans mes bonnes intentions, faisant en sorte que mes actions « qui ne sont pas si bien intentionnées que cela » commencent à miner la relation. D'un autre côté, les avantages d'une telle double confiance sont manifestes. Elle rend possibles des actions qui ne pourraient se réaliser uniquement au moyen de la confiance simple.

Alors que la réflexivité est l'exception en matière de confiance personnelle, la confiance systémique se construit sur le fait que l'autre fait également confiance et que cette communauté de confiance devient consciente. Il est évident que, dans les cas concrets, il n'est pas nécessaire de réfléchir au fait que la capacité fonctionnelle *repose* sur la confiance dans la confiance. Il semble plutôt que le rapport à l'argent, au pouvoir et à la vérité est appris en tant que *comportement* et que la réflexivité de ce mécanisme et le risque élevé qu'il comporte demeurent latents. Cette latence peut faciliter la création de la confiance et protéger contre l'angoisse incontrôlable devant la question : qu'est-ce qui arriverait si tous voulaient retirer leur argent en même temps ou si tous descendaient dans la rue armés ? Pourtant, la base rationnelle de la confiance systémique se trouve dans la confiance dans la confiance des autres. Le dévoilement de cette base au moyen de l'analyse sociologique permet de rendre transparentes les conditions fonctionnelles de cette sorte de confiance et ainsi de faire ressortir un genre d'insécurité latente qui accompagne de manière typique le fait de s'en remettre à des mécanismes qui nous sont opaques.

Chapitre X
La confiance et la méfiance

Lorsqu'on réfléchit à l'achat d'un téléviseur et que l'on soupèse ses avantages et ses inconvénients, on ne voit habituellement pas la nécessité de comparer également les avantages et les inconvénients de ne pas acheter de téléviseur. On obtiendrait en effet simplement la même liste avec des signes inversés. De même, il ne vaudrait pas la peine de réfléchir à la méfiance en particulier s'il ne s'agissait que d'un défaut de confiance. Mais la méfiance n'est pas uniquement le *contraire* de la confiance, elle est en même temps en tant que telle un *équivalent fonctionnel* de la confiance[1].

La différence qualitative entre la confiance et la méfiance ainsi que leur équivalence fonctionnelle s'expliquent dès que l'on prend en considération la fonction de la confiance. La confiance réduit la complexité sociale, elle simplifie donc la conduite de l'existence par l'acceptation d'un risque. Si la disposition à la confiance fait défaut ou si la confiance est explicitement niée pour éviter le risque d'une absorption prématurée de l'incertitude, le problème n'est pas résolu pour autant. La fonction que remplit la confiance demeurerait ainsi non assumée. Le simple fait de refuser d'accorder sa confiance reproduit la complexité originaire des possibilités événementielles et crée de ce fait une surcharge. Un tel surcroît de complexité crée une exigence trop grande pour l'être humain et le rend incapable d'agir. Celui qui ne fait pas confiance doit donc, pour être en mesure de définir une situation pratique dotée de sens, recourir à des stratégies de réduction de la complexité fonctionnellement équivalentes. Il doit transformer ses attentes en la négative ; il doit devenir méfiant à certains égards.

▲1. Cf. également à ce sujet la distinction entre deux sortes de polarité que fait J. W. Thompson : il y a *convertible polarity* lorsque la négation d'un des pôles suffit à définir l'autre et on est en présence d'une *inconvertible polarity* lorsque ce n'est pas le cas. Certes, cette distinction est importante dans sa valeur d'avertissement, mais elle laisse en suspens la question de savoir comment est constituée l'*inconvertible polarity* qui n'est déterminée que négativement. Pour le cas qui est l'objet de notre recherche, nous dirions : au moyen du principe de l'équivalence fonctionnelle. Cf. Thompson J. W., « The Importance of Opposites in Human Relations », *Human Relations*, 16, 1963, p. 161-169.

Ces stratégies négatives donnent à la méfiance ce naturel tendu, souvent crispé sur le plan des émotions, qui la distingue de la confiance. Son répertoire s'étend de la définition du partenaire de rôles comme un ennemi à combattre jusqu'au renoncement à l'expression de tout besoin, en passant par l'accumulation sans limites de réserves pour les cas de nécessité. Les stratégies de combat, celles de l'accumulation de réserves ou encore celles du renoncement rendent vivable une existence méfiante et définissent leur situation de manière à ce qu'il soit possible, à l'intérieur du cadre défini, d'agir de manière rationnelle sur le plan de la finalité. Il n'est pas rare que l'on en arrive à ne plus être conscient de sa méfiance et que les stratégies de réduction qui en dépendent deviennent la façon habituelle de concevoir l'existence, qu'elles finissent par aller de soi en tant que routine.

La méfiance opère elle aussi une simplification, une simplification souvent drastique. Celui qui se méfie a besoin d'un plus grand nombre d'informations et il diminue en même temps la quantité d'informations sur lesquelles il peut s'appuyer en confiance. Il devient *plus fortement* dépendant d'un *plus petit nombre* d'informations. Et ainsi la possibilité d'être déçu gagne à nouveau en importance[1]. Cela est particulièrement le cas lorsque la méfiance se transforme en l'attente positive d'une action désavantageuse. Mais la méfiance est presque nécessairement déterminée positivement. Les attentes négatives sont trop complexes pour la méfiance dans la mesure ou elles excluent moins de choses. Conséquemment, les stratégies de méfiance sont plus difficiles et présentent un fardeau plus élevé. Il n'est pas rare qu'elles absorbent les forces de celui qui est méfiant dans une mesure qui laisse peu de place à une étude sans prévention et objective de l'environnement et à une adaptation, offrant ainsi moins de possibilités d'apprentissage. La confiance est au contraire la voie la plus simple sur le plan psychologique et c'est en elle que trouve son fondement la forte motivation à débuter une relation sur le mode de la confiance[2].

Ces réflexions démontrent en même temps les limites de la possibilité de généraliser la confiance comme la méfiance pour en faire des dispositions générales à l'égard de l'environnement. On retrouve certes au sein des personnalités tout comme dans les systèmes sociaux des dispositions générales qui ont été apprises et qui permettent de résoudre en cas de doute les situations problèmes à travers la confiance ou la méfiance. Elles facilitent la prise de décision entre des mécanismes contraires. D'un autre côté, il est impossible de procéder à une généralisation thématique de la confiance ou de la

▲ 1. Pour un point de vue stimulant, cf. Goffman E., *Strategic Interaction*, *op. cit.*, p. 3-81.

▲ 2. Cela vaut également d'ailleurs pour un phénomène très important pour la confiance : l'honnêteté dans l'auto-présentation. Même lorsque la présentation de son essence propre possède un caractère très artificiel et doit emprunter des chemins parfois tortueux, il demeure généralement plus simple pour le présentateur de croire en sa propre honnêteté. P. L. Berger observe à ce sujet que la malhonnêteté requiert un niveau de maîtrise de soi qui, pour la plupart des hommes, pose dans la plupart des situations des exigences trop élevées. C'est aussi pour cette raison que la très faible capacité qu'a l'humain de saisir des situations complexes favorise la possibilité de fonder les relations humaines sur la base confiance-honnetêté-confiance, bien que cela exige que l'on surmonte certains écarts entre l'être et l'apparence. Cf. Berger P. L., *Invitation to Sociology*..., *op. cit.*, p. 109.

méfiance à l'ensemble des significations possibles. Personne ne peut attendre que du bien ou du mal de tous à tous les points de vue. Cette attitude existentielle générale et quotidienne se trouve plutôt dans le caractère connu de l'environnement proche qui se donne comme familier, en tant que cette attitude non thématisée propre à une certitude non questionné, en rapport donc à ce qui n'est pas proprement réfléchi ni visé et que nous avons explicité au chapitre III. Il n'y a au sens propre ni confiance ni méfiance en ce qui a trait à ce monde de l'expérience commune qui est présupposé et constitué d'une manière anonyme. La confiance et la méfiance ne sont pas possibles en tant qu'attitudes universelles. Une telle attitude serait trop exigeante ou bien représenterait un trop grand fardeau. Ces deux positions présupposent que le comportement possible d'autrui devient conscient en tant que *problème spécifique*. On fait confiance dans la mesure ou l'on part du fait que ce comportement s'intégrera de manière sensée dans sa façon propre de conduire son existence ; on fait preuve de méfiance lorsqu'on prend en considération le fait que ce ne sera pas le cas[1].

On doit donc, en plus de la confiance et de la méfiance, prendre en compte également la familiarité, une familiarité avec le monde qui rend d'abord possibles les attentes d'un style typique et qui, en tant que totalité, ne peut être niée ni rejetée. Même celui qui souffre d'angoisse ou qui éprouve du dégoût face au monde doit prendre son médicament, payer ses impôts, se brosser les dents, conduire son véhicule à l'inspection et, en cela, accepter le monde. Si la dépendance à l'égard de structures du monde et de types sémantiques familiers est inéluctable, elle peut toutefois être réduite par une certaine plasticité des thèmes et des attitudes par rapport au monde. On a la possibilité à certains égards de passer de la familiarité à la confiance ou à la méfiance, de la méfiance à la confiance et de la confiance à la familiarité sans question. De tels mouvements dans le monde permettent d'utiliser successivement différentes stratégies de réduction de la complexité ou encore de les utiliser parallèlement dans des perspectives différentes.

La méfiance peut donc se développer aussi bien sur la base de la familiarité évidente par des incohérences qui surgissent abruptement - un bruit inexpliqué se fait soudainement entendre la nuit - que par une transformation de la confiance, lorsque sont perçus des symptômes qui jettent un discrédit sur le plan symbolique. L'histoire antérieure demeurera importante pour le style d'expression, la tonalité des sentiments et la durabilité de la confiance. Même lorsque la méfiance surgit directement à partir de situations familières, elle ne nie pas la familiarité en général, elle doit au contraire se constituer des thèmes auxquels pourront se rattacher des attentes basées sur la méfiance.

▲ 1. Ces deux positions se rapportent donc à l'avenir en prenant appui sur le passé. La tentative de L. Binswanger (*Grundformen und Erkenntnis menschlichen Daseins*, Zurich, R. Niehans Verlag, 1953, p. 353 et s.), de fonder la confiance sur l'avenir et la méfiance sur le passé me semble donc vouée à l'échec. L'orientation en fonction du passé conduit plutôt à la familiarité et elle peut, lorsque l'avenir devient problématique, se transformer aussi bien en confiance qu'en méfiance.

L'existence de *seuils* est importante pour la distribution temporelle des différentes attitudes que sont la familiarité, la confiance et la méfiance. Le concept de seuils, qui a d'abord été développé dans la psychologie de la perception[1] mais qui peut être appliqué dans sa fonction générale à toute expérience[2], désigne une coupure artificielle qui égalise le domaine de l'expérience en-deçà et au-delà du seuil et qui, de ce fait, le simplifie. Une foule de différences possibles est ainsi rassemblée en une seule différence approximative et refoulée dans une latence en-deçà du seuil. Au sein d'un domaine d'expérience ordonné au moyen de seuils on peut donc partir du fait que les fondements du comportement demeureront constants, du moins que l'on pourra créer une indifférence à l'égard de certaines différences, cela jusqu'à ce que l'on franchisse le seuil ; c'est alors qu'un petit changement entraîne des modifications importantes[3]. Ces seuils d'expérience constituent donc à tout le moins des mécanismes de réduction de la complexité pour des problèmes relativement simples : au lieu de l'offre excessive de possibilités d'expérience ne présentant que de légères différences de ton se substitue ici le problème de la connaissance du seuil à partir duquel l'orientation est substantiellement modifiée. Et il est plus facile de surmonter ce problème.

Une telle délimitation au moyen de seuils se retrouve aussi bien dans le phénomène de la familiarité que dans celui de la confiance puisque, dans les deux cas, il s'agit d'attitudes généralisées comportant une large indifférence à l'égard des nombreux détails et des nuances subtiles de l'expérience[4]. Ce ne sont pas en effet toutes les incohérences qui suscitent un doute relativement aux caractéristiques familières du monde et ce n'est pas n'importe quelle déception qui détruit la confiance. C'est précisément pour cette raison qu'il doit exister une frontière où cette capacité d'absorption s'arrête, où la familiarité ou encore la confiance se transforme subitement en méfiance. Tous les ébranlements ne peuvent être enregistrés et soumis à un calcul relativement à leur valeur informative et c'est pourquoi, lorsqu'un soupçon

▲ 1. Cf. Stern W., *Person und Sache. System des kritischen Personalismus*, Leipzig, Barth, 1923/24, vol. 1, p. 353 et s., vol. 2, p. 190 et s., vol. 3, p. 301, qui se fonde sur les idées fondamentales développées par Fechner ; cf. de plus les nombreuses recherches autour de ce problème dans le cadre de la Gestalt-psychologie. Cf. par exemple Koffka K., *Principles of Gestalt Psychology*, New York-London, Harcourt, Brace and Company, 1935, *passim.* ; Metzger W., *Psychologie. Entwicklung ihrer Grundannahmen seit der Einführung des Experiments*, Darmstadt, Steinkopff, 1963, p. 114 et s. Cf. en outre la signification qu'acquiert le concept de seuil dans la théorie cybernétique des systèmes de Ashby, dans la mesure où il sert à définir le concept de sous-fonction. Cf. Ashby W. R., *Design for a Brain*, Londres, Chapman and Hall, 1954, p. 163.

▲ 2. Il faut toutefois remarquer dans cette généralisation que les seuils au sein des systèmes sociaux sont typiquement beaucoup plus indéterminés que ceux présents dans les organismes. C'est ce que note également Vickers G., *The Undirected Society...*, *op. cit.*, p. 56.

▲ 3. Cf. à ce sujet Moore W. E., « Predicting Discontinuities in Social Change », *American Sociological Review*, 29, 1964, p. 331-338, p. 334.

▲ 4. P.-L. Reynaud (« Récessions et seuils économiques », *Revue économique*, 8, 1957, p. 1032-1052) suggère une application du concept de seuils au problème de la confiance dans le domaine de l'analyse de conjoncture propre aux sciences économiques. Cf. également, du même auteur, *Economie généralisée et seuils de croissance. Étude de la psychologie économique du développement. URSS, Tunisie, Portugal*, Paris, Génin, 1962, p. 50 et s.

surgit, l'effet est la plupart du temps surdimensionné et va bien au-delà de ce qui pourrait être attribué isolément au phénomène concret qui a fait déborder le vase. La généralisation de la familiarité et de la confiance, l'extrapolation des informations disponibles, repose sur l'établissement de frontières qui possèdent le caractère de seuils et dont le franchissement génère une nouvelle orientation tout aussi globale qui décharge d'un seul coup les tensions accumulées.

Si l'expérience passe de la confiance à la méfiance – et cela vaut également pour les cas inverses qui sont plus rares – alors la personne méfiante positionne son comportement en fonction de ce nouveau style d'attente et elle rend ainsi socialement visible son changement de disposition. La méfiance est alors co-représentée dans le comportement méfiant. Le comportement interpersonnel ne sera pas seulement expérimenté *ad hoc*, mais il sera interprété en fonction d'« attitudes » fondamentales et alors utilisé dans la formation des attentes ; et c'est ainsi que la personne méfiante peut difficilement éviter, qu'elle le veuille ou non, que sa méfiance soit perçue et lui soit attribuée comme telle. Les sentiments hostiles peuvent difficilement être dissimulés ; les barrières de la prudence qui semblent alors s'imposer trahissent l'intention qui est derrière.

Celui qui est l'objet de telles expressions de méfiance sera peu enclin à appliquer à lui-même la perspective de la méfiance et à en chercher en lui-même la cause. La méfiance demeure pour lui objectivement inexplicable : il l'attribue donc à la personne qui est méfiante à son égard. Il répondra peut-être d'abord par des explications, une indulgence, ensuite par la prudence et finalement par la méfiance lui aussi, cela pour autant qu'il poursuive la relation[1]. La méfiance à laquelle il fait face le déleste de contraintes morales ; il se trouve ainsi libre d'agir selon ses propres intérêts, pour autant qu'il ne ressente pas le besoin de se venger d'un traitement qu'il considère non mérité. Et ainsi il justifie *a posteriori* la méfiance et lui donne de nouvelles munitions.

La méfiance a par conséquent une tendance inhérente à se confirmer et à se renforcer dans les relations sociales ; cela constitue un bon exemple, voire même le cœur de ces processus auxquels Merton a consacré un essai classique sous l'appellation de « *self-fulfilling prophecy*[2] ». Ils se fondent pour ainsi dire sur un principe de rétroaction inversée : un système mal organisé ou encore organisé de manière incertaine s'équilibre avec son environnement, cela non pas du fait qu'il se corrige en se basant sur ses effets, mais plutôt du fait qu'il se trouve confirmé dans ses effets et qu'il y trouve des points de départ pour de nouvelles causes[3]. Un tel effet de renforcement

▲ 1. C'est ce que confirment les expériences qui mettent en jeu une méfiance simulée et qui sont rapportées par Garfinkel H., « Studies of the Routine Grounds of Everyday Activities », *Social Problems*, 11, 1964, p. 233 et s.

▲ 2. Merton R. K., « The Self-fulfilling Prophecy », in *Social Theory and Social Structure*, Glencoe, Ill., Free Press, 1957, p. 421 et s.

▲ 3. Cette idée trouve un parallèle dans la théorie esquissée par Maturana en 1963 d'une cybernétique créatrice-différentiatrice. Elle part d'un état simple et indifférencié dans lequel s'insinue par hasard une première différence de peu d'amplitude. Celle-ci entraîne d'autres

est attesté par diverses observations, notamment dans le milieu des organisations[1]. L'un des rares résultats « manipulables » issus de la recherche sur l'atmosphère des entreprises est le fait que la confiance et la méfiance potentialisent les réalités d'une manière qu'il est difficile de ramener à des causes déterminées[2]. Nous n'en savons pas plus sur ses frontières et ses éventuels points de bifurcation. En l'absence d'un tel savoir, la thèse d'une « tendance » à la confirmation et au renforcement de la méfiance demeure toutefois une affirmation insuffisamment spécifiée et pratiquement infalsifiable.

La difficulté trouve son fondement dans le fait que la confiance et la méfiance, comme nous l'avons vu, sont des attitudes symboliquement transmises et généralisées qui ne varient pas en suivant des causes objectives spécifiquement identifiables, mais qui sont régulées au moyen de processus subjectifs de traitement simplificateur de l'expérience. Et dans la simplification, dans la réduction de la complexité, se trouve toujours un moment d'instabilité et d'inconstance. Lorsque la question de la confiance ou de la méfiance devient pressante, la situation devient plus problématique, plus complexe, plus riche en possibilités et, d'un autre côté, entrent alors en fonction des processus simplificateurs de réduction et d'orientation vers un nombre restreint d'expériences clé concluantes. Les objets et les événements qui semblent posséder une valeur symptômatique acquièrent alors une importance particulière et dominent l'interprétation des autres situations. Ils fixent l'attention. Elles deviennent des « raisons », des « preuves » que la confiance ou la méfiance est justifiée. Puisque la situation objective offre la

---

causes avec elle (c'est le cas de l'érosion par exemple : premier établissement à un niveau dépourvu de structure) et ainsi se renforce et il en résulte une structure différenciée qui se maintient pour sa part au moyen des processus cybernétiques connus propres à la stabilisation des systèmes complexes.

▲1. Cf. par exemple Gouldner A. W., *Patterns of Industrial Bureaucracy: A Case Study of Modern Factory Administration*, New York, Free Press, 1954, p. 140 et s. ; Worthy J. C., *Big Business and Free Men*, New York, Harper, 1959, p. 114 s ; Guest R. H., *Organizational Change: The Effect of Successful Leadership*, Homewood, Ill., Dorsey Press, 1962, p. 17 et s. ; Braibanti R., « Public Bureaucracy and Judiciary in Pakistan », *in* La Palombara J., ed., *Bureaucracy and Political Development*, Princeton, N. J., Princeton University Press, 1963, p. 388 et s. Dans la sociologie de l'industrie de l'époque de Weimar, on retrouve des observations semblables par rapport à la méfiance générale créée par la « lutte des classes » qui va jusqu'à considérer négativement les mesures prises par les dirigeants d'entreprises et découlant de bonnes intentions. Cf. par exemple Geiger Th., « Zur Soziologie der Industriearbeit und des Betriebs », *Die Arbeit*, 6, 1929, p. 673-689 et 766-781 ; Jost W., *Das Sozialleben des industriellen Betriebs*, Berlin, Springer, 1932, p. 63 et s.

▲2. C'est ainsi que J. C. Worthy (*Big Business and Free Men*, New York, Harper, 1959, p. 119 et s.) voit dans la question de la confiance et de la méfiance le cœur du problème en ce qui concerne l'atmosphère dans les entreprises. Cf. également Shepard H. R., Blake R. R., « Changing Behavior Through Cognitive Change », *Human Organization*, 21, 1962, p. 88-92, p. 90 et s. On pourrait aussi expliquer par là la grande dépendance du climat d'entreprise à l'égard de la structure organisationnelle formelle, les raisons de cette dépendance ainsi que la possibilité qu'un changement de direction puisse faire en sorte que la confiance se transforme en méfiance ou l'inverse et cela en présence d'une structure identique. Cf. pour la transformation de la confiance en méfiance Gouldner A. W., *Patterns of Industrial Bureaucracy*, *op. cit.* et, du même auteur, *Wildcat Strike: A Study in Worker-Management Relationships*, New York, Harper and Row, 1954. Pour le cas inverse, cf. Guest R. H., *Organizational Change*, *op. cit.*

plupart du temps des points d'appui pour l'une et l'autre de ces deux dispositions, c'est d'abord une pré-conception indéterminée qui décide de la tendance sélective et de la direction que prendra la fixation symbolique – souvent au hasard d'une première impression[1]. Elle sélectionne les variables cruciales, les preuves qui comptent et définit ainsi les critères dont la modification au sein de la situation objective acquiert le caractère de l'expérience d'un seuil et suggère le passage de la confiance à la méfiance ou l'inverse[2].

C'est donc moins la nature que l'histoire qui détermine où se trouvent à chaque fois les seuils et les points de bifurcation, quels sont les événements qui ont valeur de symbole et qui accélèrent ou freinent le processus de formation de la confiance ou de la méfiance. On doit connaître l'histoire du système, l'histoire des auto-présentations, la confirmation des prémisses et des symboles du traitement de l'expérience, celle des mesures défensives et des moyens de simplification et aussi la biographie de la situation donnée si l'on veut évaluer la force de la confiance et de la méfiance, à quel point elles sont fortement déterminées intérieurement ou encore liées à certains objets de référence et au moyen de quelles expériences cruciales elles peuvent être modifiées. Il faudrait probablement élaborer une sorte de psychologie phénoménologique du comportement quotidien[3] pour en arriver à développer un instrument de recherche utilisable et à des énoncés plus concrets.

Bien que cette question demeure en suspens et en dépit de cette incertitude du savoir dans les cas particuliers, il est possible de formuler une hypothèse théorico-systémique à portée générale : un système social qui a besoin du comportement méfiant de ces participants en vue de certaines fonctions ou qui ne peut l'éviter, a besoin en même temps de mécanismes qui empêchent que la méfiance prenne le dessus, qu'elle devienne réciproque et se transforme en une force destructrice sous l'effet de processus d'amplification réciproque. Il faut avant tout que soient disponibles des stratégies comportementales individuelles et des types socialement reconnus et facilement compréhensibles qui soient en mesure de prendre en charge et de neutraliser les actes de méfiance « contingents » ou inessen-

▲ 1. Au sujet de la signification de la première impression pour la formation ultérieure des attentes, cf. Daily C. A., « The Effects of Premature Conclusion upon the Acquisition of Understanding of a Person », *Journal of Psychology*, 33, 1952, p. 133-152. L'efficacité de perspectives opposées, la signification des dernières impressions et de celles qui sont les plus fréquentes ont toutefois été démontrées expérimentalement. Cf. surtout Postman L., Bruner J. S., « Hypothesis and the Principle of Closure: The Effect of Frequency and Recency », *Journal of Psychology*, 31, 1952, p. 113-125. Ces contradictions nous apprennent que plusieurs possibilités de généralisation et de stabilisation des attentes peuvent coexister et qu'il est probable que ce sont les structures concrètes de traitement de l'expérience qui sont déterminantes dans les systèmes concernés.

▲ 2. Dans cette perspective rappelons encore une fois l'exemple pertinent de la signification du changement de gestionnaire pour l'atmosphère dans l'entreprise ; cf. les observations de Gouldner A. W., *Patterns of Industrial Bureaucracy*, *op. cit.* et Guest R. H., *Organizational Change*, *op. cit.* Cf. de plus Pilisuk M., Skolnick P., « Inducing Trust. A Test of the Osgood Proposal », art. cité.

▲ 3. Cf. entre autres Heider F., *The Psychology of Interpersonal Relations*, New York-London, Wiley, 1958 et Garfinkel H., « Studies of the Routine Grounds of Everyday Activities », art. cité, ainsi que les nombreuses recherches dans le domaine du « *symbolic interactionism* », notamment les publications maintes fois citées d'A. Schütz.

tiels du point de vue du système et qui constituent donc des aberrations dépourvues de toute fonction. C'est à cela que servent avant tout certaines formes de présentation ou d'explication *a posteriori* des actes de méfiance en tant qu'il s'agit d'actions involontaires, d'interventions objectivement intéressées, en tant qu'erreurs, perturbations dont la cause est externe ou comme des obligations liées à des rôles - des interprétations donc qui rendent possible l'exécution d'*actions* méfiantes tout en écartant la méfiance en tant qu'*attitude*. Il faut ajouter à cela les institutions que sont la punition, la peine et le pardon. Elles possèdent de nombreuses fonctions dont l'une, essentielle, est de fixer des échéances avec lesquelles une affaire se clôt et n'offre plus aucune occasion légitime de méfiance[1]. En outre, la centralisation du monopole de la peine possède au sein du système la fonction de rompre dans les cas *lourds* le cercle de la croissance de la méfiance.

Ce genre de dispositifs repousse les seuils de la méfiance réelle. Ils ne peuvent évidemment pas prévenir de manière assurée l'émergence ou l'accroissement de la méfiance, mais ils filtrent à tout le moins un grand nombre d'occasions inessentielles qui pourraient autrement donner naissance à un tel développement. Ils réduisent ainsi la probabilité qu'un système social s'effondre en raison de la méfiance grandissante parmi ses participants et, pour le système, cela peut vouloir dire gagner le temps suffisant pour assurer sa survie, gagner le temps dont le système a besoin pour apprendre la confiance et accumuler un capital de confiance à l'aide duquel il devient moins fragile et peut traverser des situations plus difficiles.

▲ 1. M. Deutsch (« Trust and Suspicion », art. cité, p. 273 et s.) parle dans ce contexte de la nécessité d'une « *method of absolution* ».

Chapitre XI

La disposition à la confiance

Dans les réflexions précédentes, nous nous sommes concentrés principalement sur les aspects extrasystémiques de la formation et de l'utilisation de la confiance, ce qui nous a orientés vers les conditions environnementales de la confiance et les stratégies possibles qui s'offrent à elle. Ce tableau demeurerait toutefois incomplet si on ne prenait pas en considération les conditions *intrasystémiques* de la formation de la confiance. Nous abordons donc maintenant cette problématique. Comment un système doit-il être organisé à l'interne pour être en mesure de faire confiance et être disposé à le faire ?

Pour traiter adéquatement ce thème, il nous faudrait une esquisse d'une théorie complète des systèmes pour les systèmes personnels et les systèmes sociaux. Les présupposés nécessaires à cette fin ne peuvent être tirés facilement de la littérature existante et encore moins peut-on les exposer dans le cadre de cette étude. Nous devons donc nous limiter à quelques réflexions rapides qui devraient permettre de faire le pont entre ce qui a été exposé précédemment et une recherche systémique approfondie. Les énoncés qui suivent sont donc pour l'essentiel fonctionnellement orientés et ils ne permettent pas de décider par quelles structures et par quels processus concrets certains systèmes peuvent créer de la confiance.

L'expérience générale de l'existence nous apprend que les hommes tout comme les systèmes sociaux sont d'autant plus disposés à faire confiance qu'ils disposent d'une assurance interne, qu'ils sont habités par une sorte de certitude de soi leur permettant d'affronter d'éventuelles déceptions résultant de ruptures de la confiance en ne perdant pas contenance, sans pour autant placer celles-ci, à titre de simple possibilité imaginable, au fondement de leurs actions[1]. Cette adéquation entre le fait d'être sûr de soi et la dispo-

▲ 1. En ce sens, il n'est pas rare de parler de la « confiance en soi » comme étant le fondement de toute « véritable » confiance. Cf. par exemple Hauke H., *Die anthropologische Funktion des Vertrauens*, *op. cit.*, p. 24 et s. D'un autre côté, on pourrait aussi bien affirmer que la confiance en soi ne peut être apprise que là où de la confiance est témoignée. Cf. par exemple Kwant R. C., *Phenomenology of Social Existence*, Pittsburgh, Duquesne University Press, 1965, p. 96.

sition à la confiance n'est d'abord rien de plus qu'une hypothèse qui doit être vérifiée et elle ne constitue d'ailleurs qu'une reformulation du problème. Car que signifie être sûr de soi ?

L'interprétation éthique de la confiance démontre son insuffisance face à ce problème. Elle cherche une réponse à la question de savoir en quelles circonstances on *devrait* faire confiance et elle aboutit au résultat que dans la vie en commun parmi les hommes c'est un commandement éthique de ne pas accorder sa confiance de manière aveugle, mais seulement là où la confiance est méritée[1]. Le problème de la confiance est ainsi transformé en un problème épistémologique, bien qu'il trouve justement son fondement dans l'insuffisance de la capacité de connaître. On pourrait également formuler cette « solution » de la manière suivante : fais confiance là où cela n'est pas nécessaire. Mais le véritable problème se trouve dans la confiance injustifiée qui se justifie elle-même et qui devient créatrice. Les fondements internes de la confiance que nous recherchons ne peuvent donc résider dans la faculté de connaissance. Nous avons lié notre recherche sur les conditions externes de la confiance au fait que c'est dépourvu de la connaissance suffisante que l'on doit agir et s'engager dans l'action au sein d'un monde hypercomplexe. Nous reprenons donc ce point de départ d'une manière plus conséquente en tant que problème de base pour l'analyse des conditions internes de la confiance. Cela signifie maintenant que la complexité n'est pas réduite par des processus externes, mais également par des structures et des processus internes.

Le traitement du déroulement de la confiance sur la base d'une analogie avec la connaissance – la confiance ne serait adéquate que là où elle serait justifiée objectivement – a son origine dans un préjugé très largement répandu, préjugé selon lequel les structures stables d'une personne ne peuvent être fondées sur des structures instables au sein de l'environnement de celle-ci[2]. Ce préjugé et la version qui lui correspond dans la théorie du système social ne peuvent être évités lorsqu'on tente d'expliquer causalement un système à partir de son environnement, puisque quelque chose d'instable ne peut générer quelque chose de stable. On ignore de cette manière le système en tant que système, en tant qu'opération de mise en ordre supérieure en comparaison avec son environnement. Précisément dans le domaine de la stabilisation des attentes, dans lequel se fonde le problème de la confiance, des expériences qui ont fait l'objet de maintes discussions nous ont montré que les attentes incertaines peuvent être apprises beaucoup plus fermement que les attentes certaines[3]. Celles-ci se brisent la plu-

▲ 1. Cf. les références fournies à la note 2 du chapitre I, p. 1.

▲ 2. À ce sujet et pour la thèse opposée, cf. Horwitz M., « Psychological Needs as a Function of Social Environment », *in* White L. D., ed., *The State of the Social Sciences*, Chicago, University of Chicago Press, 1956, p. 163.

▲ 3. Cf. Humphreys L. G., « Acquisition and Extinction of Verbal Expectations in a Situation Analogous to Conditioning », *Journal of Experimental Psychology*, 25, 1939, p. 294-301 ; Irwin F. W., « The Realism of Expectations », *Psychological Review*, 51, 1944, p. 120-126 ; Stogdill R. M., *Individual Behavior and Group Achievement*, New York, Oxford University Press, 1959, p. 68 et s.

part du temps à la première déception. Aussi paradoxal que cela puisse d'abord sembler, les attentes incertaines sont psychologiquement plus stables. Elles incluent en elles en même temps l'attente du contraire, sans pour autant que l'attente soit abandonnée pour cette raison. L'attente est normée, stéréotypée et immunisée de diverses manières contre la contradiction. Les explications des déceptions sont intégrées en elle de telle manière qu'une déception particulière, loin de poser un problème, confirme dans son ensemble la structure de l'attente[1]. En incluant en elle une contradiction, l'attente se prémunit contre une réfutation *externe*, mais elle doit pouvoir supporter et traiter de manière *interne* cette contradiction. Le problème de la stabilisation de l'attente est ainsi déplacé de l'environnement vers le système, puisque c'est là que sont disponibles d'autres formes, plus efficaces, de résolution de ce problème.

La confiance n'est donc rien d'autre qu'une sorte de « dépassement » (*Aufhebung*) intrasystémique d'une telle contradiction entre les attentes. L'éventualité d'une déception n'est pas simplement ignorée ; elle est au contraire prévue et traitée à l'interne. À la différence de ce qui se passe dans les attentes incertaines en général, la poursuite de l'attente en cas de déception ne fait pas elle aussi l'objet d'une attente et elle n'est pas préparée en tant que comportement routinier. L'assurance de la confiance repose plutôt sur le fait inverse qu'une rupture de la confiance doit avoir pour conséquence le retrait de la confiance et, de ce fait, une modification radicale de la relation. La déception n'est pas banalisée, elle est au contraire moralement exagérée au rang d'événement improbable en raison de son caractère extrême, de sa particulière infamie.

Le problème de la disposition à la confiance ne réside donc pas dans un accroissement de la certitude accompagné d'une diminution correspondante de l'incertitude ; il consiste au contraire dans un accroissement de l'incertitude supportable aux dépens de la certitude[2]. Cette analyse demeure toutefois superficielle, car elle ne dit absolument pas que toute personne ou tout système social fait ou peut faire usage de ces différentes possibilités pour transformer des attentes instables en attentes stables mais toujours incertaines. Pour être en mesure de saisir les différences dans cette opération systémique, nous devons revenir encore une fois au thème de « l'auto-assurance ». Les idées récentes dans le domaine de la psychologie des groupes au sujet de la formation de la confiance se rapportent à ce phénomène et tentent d'atteindre un certain niveau de confiance en désamorçant les mécanismes de défense et en substituant au sein des discussions de groupes des principes de certitude plus ouverts[3]. Mais cela n'a pas encore permis de tirer au clair avec les processus psychiques internes en cause. Ils sont plutôt sous-estimés dans la psychologie des groupes et dans la pratique des théra-

▲ 1. Cf. également à ce sujet Luhmann N., *Rechtssoziologie*, *op. cit.*, vol. 1, p. 40 et s.

▲ 2. Pour les structures psychiques en général, cf. Garner W. R., *Uncertainty and Structure as Psychological Concepts*, New York, Wiley, 1962, p. 338 et s.

▲ 3. Cf. par exemple Gibb J. R., « Climate for Trust Formation », *in* Bradford L. P., Gibb J. R., Benne K. D., eds, *T-Group Theory and Laboratory Method. Innovation in Re-Education*, New York, Wiley, 1964, p. 279-309 ; Pilisuk M., Skolnick P., « Inducing Trust… », art. cité.

pies de groupes et il n'est pas rare qu'ils soient remplacés par des postulats fortement moralisateurs relatifs aux personnalités « saines »[1].

Dans une perspective fonctionnelle, l'auto-assurance en tant que fondement de la confiance doit être ramenée à l'existence de mécanismes internes de réduction de la complexité. La confiance peut émerger lorsque ces mécanismes internes de réduction sont stabilisés de manière à agir en complémentarité avec la réduction opérée par l'environnement et à soutenir aux endroits critiques cette réduction. En d'autres termes, les témoignages de confiance sont rendus possibles et ils sont facilités du fait que le système qui fait confiance dispose de ressources internes structurellement non liées qui peuvent être mobilisées dans les cas où la confiance est déçue et qui peuvent assumer le fardeau que représentent la réduction de la complexité et la résolution de problèmes.

Quelles sont les opérations que doivent produire ces mécanismes internes ? Et comment doivent-ils être constitués ?

La complexité du monde ne peut être « reproduite » (*abgebildet*) au sein du système dans ses dimensions chosale et temporelle[2], car le système n'est pas assez complexe pour cela. Une *généralisation* du potentiel de résolution de problèmes doit lui correspondre, généralisation qui se développe à la fois dans la dimension chosale et temporelle, et ce, de telle manière que le système puisse demeurer indifférent, à l'intérieur de certaines limites, à l'égard des différences objectives et temporelles. Il doit donc s'agir d'une capacité pouvant s'appliquer à des problèmes objectivement différents, lesquels ne peuvent être prévus en tant que problèmes particuliers. Cette capacité permet ainsi de faire l'économie d'une telle prévision. Et, en vertu de cette généralisation chosale, elle doit et peut également être généralisée temporellement dans le sens où elle apparaît déjà comme étant maintenant assurée, bien qu'elle n'entrera en fonction que dans l'avenir et à des moments encore indéterminés. Le fait de savoir intérieurement que de telles ressources sont disponibles sert alors d'équivalent de la certitude fondée sur des informations relatives à l'environnement. Dans les limites de sa portée, ce savoir permet de faire l'économie de la prévision puisqu'il garantit la certitude que les problèmes pourront être résolus peu importe le moment où ils surviendront ou la forme sous laquelle ils apparaîtront. Les deux exemples probablement les plus importants de ces généralisations intrasystémiques propres aux systèmes psychologiques, soit la fixation des sentiments et l'assurance dans les auto-présentations, devraient nous aider à clarifier ces notions.

L'un des mécanismes les plus élémentaires de la réduction de la complexité est la stabilisation d'une relation sentimentale avec certains objets ou

▲ 1. Cf. entre autres Gibb J. R., « Climate for Trust Formation », art. cité, p. 292. L'utilisation du terme « sain » comme nom de code pour une morale qui n'est plus admissible mériterait une recherche particulière.

▲ 2. On trouvera, dans l'essai « L'époque des conceptions du monde » de Heidegger (« Die Zeit des Weltbildes », in *Holzwege*, Frankfurt, Klostermann, 1950, p. 69 et s.), une critique de cette théorie de la représentation-reflet (*Abbildungstheorie des Vorstellens*) propre au début de la Modernité.

certains êtres humains. Le principe de *généralisation* des attentes propre à ce genre de relations réside précisément dans l'*individualité* de leur objet. Le fait de connaître cet objet d'une manière familière ordonne et garantit la formation des attentes. Les sentiments incluent en principe tous les aspects de leur objet, peu importe leur diversité et le moment où ils peuvent se révéler et se modifier. Ils motivent un déploiement d'énergie dans des situations encore indéterminées et présupposent une réserve d'énergie correspondante non encore fixée. Dans le langage des *pattern variables* de Parsons[1], les sentiments sont des attitudes orientées de manière « particulière », « qualitative » et « diffuse ». Ils excluent tous les autres objets ou les relèguent au second rang sur un plan comparatif, cela même lorsque ceux-ci démontrent des performances égales ou supérieures à certains égards. Ils fixent ainsi une indifférence chosale et temporelle de très grande portée, une insensibilité pour les autres choses qui paraît étonnante aux yeux de ceux qui font la même expérience sans pour autant partager le même sentiment.

Les sentiments accomplissent en même temps – c'est là leur force et leur faiblesse – une réduction externe et une réduction interne. Ils réduisent les possibilités environnementales par leur préférence pour un objet et déterminent du même coup les possibilités internes de traitement de l'expérience dans un sens similaire. Comme on le dit également, le système qui possède des sentiments « s'identifie » avec son objet. Ne laissant aucune alternative ni externe ni interne, les sentiments, dépourvus d'élasticité, sont fixes et non transférables. Ils ne peuvent être réorganisés que par la destruction ou une nouvelle formation. Toute rupture d'une relation sentimentale se trouverait à reproduire la complexité écrasante du monde. L'angoisse se terre donc à l'arrière-plan des sentiments et motive la poursuite de la relation sentimentale, pourvu qu'elle se trouve confirmée d'une quelconque manière. Les sentiments tentent dans la mesure du possible de s'immuniser contre toute réfutation. L'amour et la haine rendent aveugle.

Cette structure générale des relations sentimentales montre déjà qu'il s'agit là d'un médium généralisé de résolution de problèmes, d'un équivalent de la certitude du genre de celui que nous recherchons en tant que fondement de la disposition à la confiance. Des relations sentimentales positives entre humains peuvent difficilement se maintenir à long terme en l'absence de confiance. Comme peut l'illustrer le complexe de la jalousie, elles conduisent alors en un état instable qui ruine le sentiment, sans toutefois souvent pouvoir le remplacer et s'en départir. Les sentiments fournissent par ailleurs une base permettant de s'en remettre à des relations de confiance envers d'autres humains auquel le sentiment lui-même ne s'étend pas. Une intégration de l'ordre des sentiments au sein d'un cercle d'êtres humains, une patrie, une constellation de rôles comportant ses tâches et ses devoirs, offrent également un appui pour le développement de relations de confiance au-delà de ce cercle restreint. La fixation des sentiments d'un bambin au

▲ 1. Cf. Parsons T., Shils E. A., eds, *Toward a General Theory of Action*, *op. cit.*, p. 76 et s.

sein de sa famille constitue par exemple un fondement pour l'apprentissage de la confiance en général. Et c'est ainsi que peut également se poursuivre une relation de confiance en tant qu'attitude familière et confirmée, même lorsque les sentiments auxquels elle doit son existence se sont depuis longtemps émoussés.

Un ordre social mobile, hautement différencié, ne peut cependant se contenter de ce fondement de la confiance. D'une part, il individualise le sentiment par rapport au sujet et à l'objet, lui fait prendre conscience de son caractère unique et il en fait l'objet d'une jouissance réfléchie à qui vient à manquer le caractère d'évidence. D'autre part, il mobilise les individus et favorise de ce fait des orientations de base universellement utilisables dont l'adaptation se fait à un coût moindre.

Finalement, cet ordre social écarte de plus en plus les objets relationnels de la confiance d'une proximité sensible. Il exige toujours davantage la confiance envers des systèmes pour lesquels on ne peut éprouver aucun sentiment. Il faut s'attendre dans ce contexte à ce qu'émerge un besoin pour des mécanismes fonctionnellement équivalents de résolution de problèmes, mécanismes qui, en partie, remplacent les sentiments en tant que base de la confiance et les repoussent de plus en plus vers des fonctions privées. Une telle alternative, c'est-à-dire *l'assurance d'une auto-présentation sociale*, semble gagner en importance au cours de l'évolution civilisationnelle.

Comme nous l'avons déjà exposé[1], les personnes et les systèmes sociaux s'efforcent, dans leur auto-présentation, de projeter d'eux-mêmes une image cohérente et de la faire valoir socialement. Comme les autres hommes et les autres systèmes sociaux ont également intérêt, eu égard à leurs partenaires environnementaux, à former des attentes sur lesquelles ils peuvent compter, à en faire l'expérience, donc, en tant qu'identités durables, il se forme au sein des relations sociales une sorte de langage courant qui permet d'attribuer les actions à des hommes ou à des systèmes sociaux, et cela, non pas de manière causale, mais de façon symbolique : en tant qu'expression de leur essence, de leur Soi[2]. Les systèmes qui y prennent part se meuvent avec plus ou moins d'assurance au sein de ce médium de présentations symboliques, une assurance qui est souvent faussement appelée « confiance en soi ». Car l'auto-présentation est difficile, menacée qu'elle est par les contradictions internes, les fautes, les faits et les informations qui ne peuvent être co-présentés ; elle nécessite donc, d'un côté, une prudence considérable dans l'expression et, de l'autre, une coopération pleine de tact de la part des observateurs. Il n'est pas rare qu'il en résulte des situations délicates, voire pénibles, dans lesquelles il risque de devenir évident que le Soi présenté n'est pas le Soi réel. Celui qui perd contenance est perdu. Son auto-présentation s'effondre, du moins en ce qui concerne les observateurs

▲ 1. Cf. *supra*, p. 36 et s. et p. 55 et s.

▲ 2. Évidemment, ces deux aspects de l'attribution causale et symbolique ne peuvent pas être complètement séparés, puisque l'attribution causale est dirigée elle aussi par des identités essentielles présupposées qui sont symboliquement constituées. Cf. à ce sujet Heider F., « Social Perception and Phenomenal Causality », art. cité.

présents. Celui qui au contraire garde sa contenance peut se sauver de diverses manières : par un virage humoristique, par un aveu officiel accompagné d'une réinterprétation de l'histoire de ses auto-présentations, par une banalisation, en ignorant le fait avec la coopération de ceux qui regardent tout en ne faisant pas de leur regard une présentation, en expliquant l'incident comme un événement sans valeur expressive, par exemple comme une « perturbation » dont la cause est extérieure.

L'assurance intérieure d'être, dans toutes les situations, à la hauteur des exigences en matière d'auto-présentation et de toujours connaître une manière de se sortir des situations confuses, est l'une des ressources internes servant de fondement à la disposition à la confiance. Car le témoignage de confiance est également un acte d'auto-présentation. Celui qui fait confiance se présente comme quelqu'un qui, par essence, est enclin à accorder sa confiance. S'il se révèle que la confiance était déplacée, celui qui a fait confiance est non seulement déçu, mais également blâmé en certaines circonstances. Il devient évident qu'il a été trop stupide pour tirer au clair la situation, qu'il s'est laissé utiliser, qu'il est une victime de cette éthique équivoque qui affirme que l'on doit faire confiance, mais non pas aveuglément. On en vient alors à un point où ce sont la pratique et l'habileté dans l'auto-présentation qui comptent[1] ; et, au début, on sera certes plus enclin à accorder sa confiance si l'on est certain au préalable que son auto-présentation ne sera pas affectée en cas de déception ou, du moins, qu'elle pourra être remise à flot sans grand dommage.

Si l'on compare l'assurance dans l'auto-présentation avec les fixations sur le mode du sentiment, c'est la plus grande mobilité de la première qui saute aux yeux. Son principe de généralisation ne réside pas dans l'identité d'un objet, mais dans l'identité du Soi présenté. Ce Soi possède des intérêts sélectifs à l'égard de son environnement. Il peut modifier les situations et les attributs de sa présentation et se rendre indépendant par rapport au destin des objets concrets au sein de son environnement. Le mode de réduction propre à l'auto-présentation n'est pas le mélange de l'interne et de l'externe dans une identification sur le mode du sentiment ; il réside plutôt dans la séparation et le maintien des frontières. Celui-ci s'exerce par un contrôle sur toutes les informations sur le Soi qui quittent le système. C'est pourquoi le Soi présenté peut s'harmoniser avec un environnement plus complexe, qu'il peut donc témoigner une confiance plus diversifiée que le Soi émotionnellement lié, et cela non pas dans le sens d'une disposition sans frein à l'assimilation, mais au contraire précisément par une distanciation, par une large indifférence et une disposition à la substitution, donc par des attitudes rationnelles d'un point de vue stratégique qui se répandent au sein d'un ordre social hautement mobile et fortement différencié.

Les sources d'une telle assurance dans l'auto-présentation peuvent être très diverses : des aptitudes comme l'imagination et la rapidité de réaction,

▲ 1. Compte également l'aide apportée par les autres, voire par l'auteur de la tromperie lui-même. C'est à partir de ce point de vue que E. Goffman met en lumière les situations de déception. Cf. Goffman E., « On Cooling the Mark Out », *Psychiatry*, 15, 1952, p. 451-463.

des phénomènes du destin comme le statut à la naissance, l'éducation, l'expérience et la réussite, des conditions environnementales comme la présence de partenaires compréhensifs, sensibles et partageant une communauté d'esprit ou des adversaires inférieurs[1]. Pour la présentation de systèmes sociaux, il faut ajouter à cela en particulier l'institutionnalisation de ce que Goffman appelle « *teams*[2] ». Il y a certes un plus grand nombre de manières « équifinales[3] » d'atteindre cet état, de même qu'il existe des constellations de personnalités très diverses qui peuvent être au fondement d'une fixation sentimentale à effets similaires. Les explications causales linéaires au moyen de facteurs uniques échouent face à cette relation « ouverte » entre la fonction et la structure.

D'un autre côté, il y a probablement, dans ces différentes constellations de causes équifinales, diverses occasions pour un contrôle social du processus, lesquelles confèrent de l'influence à différents groupes de la société. L'assurance dans la présentation fondée sur une éducation d'élite possède sans doute un autre style et une autre disposition au risque que l'opiniâtreté d'un politicien local habitué aux débats et connaissant les arrière-plans ou encore le caractère intarissable propre au rôle du voyageur de commerce ; ne jamais faire de faux pas et, pour cette raison, être en mesure d'attribuer toute perturbation à un autre que soi-même diffère de la certitude de n'être jamais à court d'explications ou d'échappatoires. On peut supposer que le style d'interaction sociale à l'intérieur d'une société ainsi que la direction concrète de sa disposition à la confiance sont, pour une large part, codéterminés par les forces sociales qui influencent les sources internes de la confiance, dans la mesure où elles ouvrent de possibles canaux d'expression pour les sentiments et des occasions pour des auto-présentations réussies.

Que la disposition à la confiance soit obtenue par le biais des sentiments ou davantage par la flexibilité de l'auto-présentation, elle repose néanmoins dans tous les cas sur la *structure* du système qui accorde sa confiance. C'est seulement du fait que la sécurité du système est structurellement garantie qu'il est possible d'abaisser les mesures de sécurité pour des actions individuelles au sein de situations concrètes. La disposition à la confiance est une application importante de la règle générale selon laquelle l'absorption de la complexité au moyen de structures peut délester l'agir.

▲1. Quant à savoir si on peut aller plus loin et considérer un statut supérieur comme étant en général un fondement de la confiance, cela reste questionnable. Des recherches américaines dans le domaine du système politique démontrent que ceux qui jouissent d'un statut social plus élevé ont une image plus favorable des personnalités dominantes d'un système politique, et cela s'applique aux politiciens comme aux fonctionnaires. Cf. Agger R. E., Goldstein M. N., Pearl A., « Political Cynism: Measurement and Meaning », *Journal of Politics*, 23, 1961, p. 477-506 et Jennings M. K., Cummings M. C., Kilpatrick P. P., « Trusted Leaders: Perception of Appointed Federal Officials », *Public Opinion Quarterly*, 30, 1966, p. 368-384. Ces conclusions peuvent toutefois difficilement être appliquées à toutes les sortes de confiance.

▲2. Goffman E., *The Presentation of Self in Everyday Life*, *op. cit.*, p. 77 et s. Cf. également Luhmann N., *Funktionen und Folgen formaler Organisation*, *op. cit.*, p. 314 et s. au sujet de la collégialité.

▲3. Un concept de la théorie générale des systèmes de Bertalanffy L. (von), « Zu einer allgemeinen Systemlehre », *Biologica Generalis*, 19, 1949, p. 127 et s.

Jusqu'à présent nous avons traité la question de la disposition à la confiance en prenant pour hypothèse que la création de la confiance dépendait du fait qu'un système est prêt à et en mesure de créer la confiance. Telle était la perspective de ce chapitre que nous devons modifier en conclusion et dévoiler comme étant une variable.

Dans le chapitre sur la confiance systémique, nous avons déjà appris à connaître des genres de formation de la confiance relativement forcées, qui doivent fonctionner dans une indifférence élevée par rapport aux structures motivationnelles des individus et qui ne sont pas contrôlées de l'extérieur, mais de l'intérieur au sein des systèmes qui exigent la confiance. Leur sécurité fonctionnelle ainsi que la possibilité de créer la confiance dans la confiance dépendent de cette indifférence. C'est ainsi que resurgit la question des structures et des processus des systèmes qui témoignent leur confiance et elle perd en importance. Il ne s'agit pas tellement de la disposition à accorder sa confiance. Les systèmes qui font confiance sont pour ainsi dire déchargés de la responsabilité à l'égard de leur confiance.

Si l'on prend en compte cette possibilité, on peut voir à quel point les conditions sociales de la confiance sont complexes et riches de variantes. Elles envahissent d'une part les structures du système qui fait confiance et elles l'affectent d'autre part à partir de l'extérieur. Il s'agit surtout dans le premier cas des conditions sociales de l'expression des sentiments ou d'une auto-présentation réussie, un certain climat social qui honore les liens personnels comme l'amour ou la fidélité et qui ne les expose pas au ridicule comme dans la figure du mari trompé ; un climat qui institutionnalise le tact et dispose de suffisamment d'échappatoires pour l'auto-présentation. Les structures du système se renforcent ainsi en matière de confiance. Dans le second cas, une préoccupation à l'égard de l'environnement déleste les structures du système de la nécessité d'absorber l'incertitude au-delà de leur propre engagement. Cela peut se faire dans la mesure où, comme dans le cas de la confiance systémique, on limite ou on écarte implicitement les possibilités de choix et alors la confiance se confirme à court terme dans l'interaction en cours. Cela peut se produire également lorsque des possibilités de sanction suffisamment sévères sont prévues pour les cas de rupture de la confiance et qu'ainsi elles réduisent le risque encouru par celui qui fait confiance.

Cette multiplicité des modes de création de la confiance nous empêche de chercher des recettes générales. Nous sommes forcés de reconnaître que cette multiplicité de possibilités offre justement une certaine protection contre le renoncement social à l'égard de la confiance. D'une manière ou d'une autre, la confiance est créée. Et il se peut que les sociétés hautement différenciées, qui ont davantage besoin de la confiance que les sociétés simples pour réduire leur propre complexité, doivent également avoir à leur disposition un plus grand nombre de mécanismes différents pour la formation et la stabilisation de la confiance et qu'elles posent ainsi des exigences plus élevées en ce qui concerne la disposition à la confiance de ses systèmes et qu'en même temps elles doivent les délester davantage que ce n'est le cas dans les sociétés simples.

Chapitre XII
La rationalité de la confiance et de la méfiance

Certes, l'éthique a posé la question de savoir si la confiance est rationnelle, juste et moralement obligatoire, mais elle n'a cependant pu y répondre. Dans les affirmations que nous avons citées plus haut[1], on peut reconnaître une préférence pour la confiance, mais elle ne peut être exprimée sans réserve. Il y a évidemment des cas où la confiance s'impose et d'autres où c'est plutôt la méfiance qui est appropriée. Cela ne peut être contesté rationnellement. Il s'ensuit que la confiance ne peut constituer une maxime comportementale valable sans exception. L'éthique devait donc présupposer que c'est à partir des caractéristiques objectives de la situation, à partir d'une compréhension humaine commune de celle-ci que l'on peut savoir si l'on doit ou non accorder sa confiance à certains égards. En conséquence, même si une obligation générale de faire confiance est formulée à titre de principe, la décision de la suivre ou non doit être déléguée et confiée à la situation. Et il faut de plus présumer que la situation et, en particulier, que l'objet de confiance révèlent suffisamment de caractéristiques objectives qui, en tant que principes du jugement, peuvent servir à créer la confiance et on doit supposer qu'elles possèdent pour tous les hommes une signification identique et une même pertinence pour la question de la confiance. Ce n'est qu'en vertu de ces hypothèses fondamentales, qui débouchent sur un monde aux formes multiples, dominé par la méchanceté et la tromperie, mais cependant socialement objectivé et stable, que le style éthique de traitement du problème pouvait avoir du sens.

On pourrait s'en tenir à l'ancienne conception selon laquelle cette façon de traiter le problème est déterminée par le thème qui est le sien et est donc adéquate. Exiger une plus grande précision que fournit l'objet lui-même serait irrationnel et conduirait à des abstractions erronées et exagérées. Cet argument établi depuis longtemps ne peut être réfuté en le prenant de front.

▲ 1. Chapitre 1, p. 1, note 2.

Mais cela ne règle pas la question de savoir quelle est sa valeur cognitive, s'il répond même à la bonne question, de quelles prémisses il est issu et, surtout, quel est son rapport à la structure de l'ordre social qu'il présuppose dans ses prémisses.

Un principe moral qui autorise également son contraire est dépendant de la présence de situations d'application pouvant être interprétées clairement et de façon univoque et dans lesquelles il est possible de clarifier de manière contraignante si c'est le principe ou son opposé qui doit être appliqué. Dans la mesure où de telles situations d'interprétation font défaut, le principe perd sa valeur d'orientation et sa fonction normative. Il peut alors justifier n'importe quelle décision. Le caractère normatif de telles maximes n'acquiert sa validité que si et dans la mesure où l'on peut s'attendre à des situations sociales dans lesquelles la complexité chosale et sociale a déjà été largement réduite. Cela peut être le cas au sein d'un monde social relativement simple ou à l'intérieur de domaines fortement régulés d'une réalité plus complexe, par exemple dans le domaine du droit ou dans les organisations[1]. Il est pourtant typique de mobiliser la confiance précisément là où ne s'appliquent pas d'autres moyens en vue d'une orientation simplifiée et pour garantir l'agir. Si l'on ajoute à cela que le monde social est aujourd'hui beaucoup trop complexe, abstraction faite de certains territoires, pour supporter une éthique des principes en tant que théorie de l'action, on est en droit de se demander si nous devons continuer à aborder le problème de la confiance à travers un style éthique de pensée. Surtout, l'exploration en profondeur de la dimension sociale au moyen de la psychologie sociale et de la phénoménologie ainsi que la compréhension de l'implication des relations sociales au sein de toute expérience permettent de douter du fait qu'une éthique qui veut instruire sur la façon adéquate de prendre des décisions personnelles puisse être suffisante pour notre problème de la rationalité de la confiance[2].

Si ce n'est pas le cas, alors c'est d'une autre façon et d'une manière renouvelée que nous devons considérer le problème de la rationalité de la

▲ 1. On trouvera ainsi des données intuitives pertinentes pour notre problème dans la discussion autour de la « logique » et de la rationalité du mode juridique d'argumentation. Cf. pour un point de vue général, Viehweg Th., *Topik und Jurisprudenz*, München, Beck, 1965, et, en lien direct avec ce thème, Miller L. S., « Rules and Exceptions », *Ethics*, 66, 1956, p. 262-270. Dans le cadre de la controverse similaire sur le sens à donner aux « principes organisationnels », qui a été déclenchée par Simon, cf. Simon H. A., « The Proverbs of Administration », *Public Administration Review*, 6, 1946, p. 53-67, et, pour une prise de position qui confirme celui-ci, cf. entre autres Urwick L., « Principles of Management », *British Management Review*, 7, 1948, p. 15-48. Dans ces deux cas, les défenseurs des principes qui permettent leur contraire sont dans une position relativement favorable, puisqu'ils peuvent partir de situations sociales qui sont profondément régulées et qui ne sont donc pas hypercomplexes, de telle sorte que les principes qui ne fournissent pas d'instructions comportementales univoques peuvent être manipulés de cas en cas avec une certitude suffisante.

▲ 2. Il est aujourd'hui devenu évident de multiples manières que l'éthique ne peut plus être, comme auparavant, cette discipline au sein de laquelle les problèmes de l'existence humaine commune pouvaient être traités d'une manière fondamentale. Cf. par exemple Löwith K., *Das Individuum in der Rolle des Mitmenschen*, Darmstadt, Wissenschaftl. Buchgesellschaft, 1962, p. 2 et Kwant R. C., *Phenomenology of Social Existence*, *op. cit.*, p. 48 et s.

confiance et de la méfiance. À cette fin, il nous faut d'abord découvrir où se trouve le point central de la problématique, le cœur des difficultés. Il est évident que la réalité sociale est beaucoup trop différenciée pour qu'on puisse, par abstraction, en tirer une maxime qui soit simple tout en étant riche d'instructions pour les décisions en matière de confiance. Le problème de l'orientation et du guidage de l'action doit être résolu à l'aide de moyens beaucoup plus différenciés. Les sciences relatives à l'agir humain ne peuvent plus donner l'illusion de montrer aux acteurs de manière immédiate, même dans ses grandes lignes, la manière correcte d'agir, de leur dire ce qu'ils doivent faire. Les perspectives scientifico-analytiques et celles orientées sur la pratique doivent être plus fortement séparées et traitées consciemment dans leur différence. Cette diversité de style entre les analyses théoriques et le traitement pratique de l'information n'est pas un obstacle, mais au contraire le fondement d'une collaboration, reposant sur une division sensée du travail, entre la théorie et la pratique autour d'une maîtrise commune d'un environnement hyper complexe.

Si l'on considère en ce sens le rapport entre théorie et pratique en relation avec le problème de la complexité, il devient alors naturel de supposer que le problème réside dans la différence entre les modes de sélection et ainsi de le ramener à une formule[1]. Une séparation utile est alors offerte par la distinction entre perspective systémique et orientation sur l'action, qui semble se dégager des plus récents développements scientifiques. La psychologie et la sociologie, avec les tendances théoriques marquées qui leur sont propres, sont en voie de devenir des sciences des systèmes d'action personnels et sociaux, des sciences qui intègrent au sein de leur théorie des systèmes des perspectives inconscientes, latentes, non congruentes par rapport à l'orientation sur l'action, lesquelles permettent des recherches comparatives, reconnaissent des contradictions structurelles au sein des systèmes et qui y atteignent un potentiel de complexité qui excède largement la charge supportée par un acteur-en-situation. Les autres sciences, qui étudient les déterminations de buts prescriptifs, doivent, sous la pression de cet élargissement du champ de vision, se transformer par une spécialisation plus poussée et une conscience plus aigue des problèmes en théories de la réduction rationnelle de la complexité, en théories de la décision. Elles tentent dans leur forme finale à traiter et à confirmer les calculs que peut appliquer l'acteur au sein de situations prédéterminées et reconstruites à partir de modèles, sans chaque fois avoir à penser à nouveau les contextes fonctionnels de son comportement ni à prendre part à la décision. L'acteur doit alors pouvoir présupposer que les structures systémiques et les programmes décisionnels ont déjà assumé pour lui cette partie du travail ; il doit présupposer, en d'autres termes, que le monde social est organisé.

Dans un tel ordonnancement des problèmes, à quoi se réfère donc le jugement « rationnel » et à quoi se réfère la confiance ?

▲ 1. Cf. également Luhmann N., *Soziologische Aufklärung*..., *op. cit.*, p. 253 et s.

Si l'on voulait prendre pour critère le concept de rationalité propre aux théories de la décision, que ce soit la rationalité instrumentale ou l'optimisation, on s'aventurerait dans un cadre conceptuel trop étroit qui ne rendrait pas justice au phénomène de la confiance. La confiance n'est pas un moyen que l'on peut choisir parmi d'autres dans le but d'atteindre certaines fins et surtout pas une structure fin-moyen susceptible d'être optimisée. La confiance n'est pas non plus une prédiction dont l'exactitude pourrait être mesurée à partir de l'occurrence de l'événement prédit et qui, sur la base d'un certain nombre d'expériences, pourrait être ramenée à une valeur de probabilité. Ce genre de techniques, qui ont leur signification dans le cadre des modèles de calcul de la décision, ont pour fonction de réduire la complexité, tout comme la confiance. Elles sont des équivalents fonctionnels de la confiance, mais elles ne sont pas des actes de confiance au sens véritable du terme. Dans la mesure où elles sont suffisantes, la confiance n'est pas nécessaire. Elles peuvent remplacer la confiance, tout comme, à l'inverse, la capacité d'opération limitée de ces techniques de décision donnent naissance à un besoin de confiance en tant que forme complémentaire d'absorption de l'incertitude. Mais la confiance est autre chose que la supposition justifiée que l'on décide correctement et c'est pourquoi les modèles de calcul en vue d'une décision adéquate passent à côté de la question de la confiance.

Dans le cadre d'une théorie sociologique de la rationalisation, théorie conçue dans son sens large et dont l'orientation empirico-descriptive qui est dominante dans la recherche en sociologie nous prive des travaux préparatoires dont elle a besoin, l'évaluation « rationnelle » pourrait découler de l'analyse fonctionnelle. Devraient alors être considérées comme rationnelles toutes les opérations qui servent à orienter de manière signifiante l'agir humain au sein d'un monde extrêmement complexe, qui accroissent la capacité humaine à saisir et à réduire la complexité. Cela ne peut se produire qu'au moyen de la formation de systèmes. Ainsi, selon cette conception, le terme « rationnel » ne se rapporterait pas à des décisions relatives à certaines situations, mais à des systèmes et à des fonctions de conservation des systèmes[1]. Nous voulons prendre pour base cette conception, d'autant plus qu'elle était déjà implicite dans notre analyse fonctionnelle de la confiance, et voir ce qu'il en résulte.

En ce qui a trait à la fonction d'accroissement du potentiel du système à l'égard de la complexité, la confiance est rationnelle. En l'absence de toute confiance seules seraient possibles des formes très simples de coopération humaine, celles qui peuvent se régler sur le champ, et l'agir individuel est lui-même trop sensible aux perturbations pour pouvoir être planifié, en l'absence de confiance, au-delà du moment immédiatement assuré. La

▲ 1. Pour plus de détails, cf. Luhmann N., *Zweckbegriff und Systemrationalität. Über die Funktion von Zwecken in sozialen Systemen*, Tübingen, Mohr, 1968. Dans la première édition, la formulation ne prenait pas en compte le fait qu'un concept de rationalité correspondant peut être développé également pour les théories de la décision, si l'on prend pour point de départ la complexité de la situation décisionnelle.

confiance est indispensable pour accroître le potentiel d'action d'un système social au-delà de ces formes élémentaires. Des genres d'action complètement nouveaux deviennent possibles au sein d'un système qui peut activer la confiance, en particulier celles qui ne peuvent trouver une satisfaction immédiate et qui, de ce fait, doivent être artificiellement motivées. Un système gagne du temps à travers la confiance et le temps est une variable critique dans la mise en place de structures systémiques plus complexes. La satisfaction des besoins peut alors être reportée tout en étant garantie. L'agir instrumental, orienté vers des effets lointains, peut être institutionnalisé lorsque la confiance élargit l'horizon temporel d'un système. Le fait de disposer d'argent liquide, du pouvoir ou de la vérité, mécanismes qui dépendent de la confiance, rend possible une indifférence du système à l'égard d'un nombre incalculable d'événements environnementaux et, de ce fait, une meilleure réactivité.

Cette évaluation de la confiance comme étant systémiquement rationnelle ne peut demeurer sans qualification et être interprétée en général comme une approbation de la confiance. Il est évident que la confiance n'est jamais le seul mécanisme de réduction de la complexité ; le besoin de confiance dépend de la disponibilité ou de la non-disponibilité d'équivalents fonctionnels. La confiance exige de nombreux mécanismes auxiliaires d'apprentissage, de symbolisation, de contrôle, de sanction et elle structure le mode de traitement de l'expérience sous une forme qui comporte un coût en énergie et en attention. Mais surtout la confiance dépend du fait que la tendance à prendre des risques est gardée sous contrôle et que le quota de déception ne devient pas trop élevé, cela dans les cas individuels, et surtout au niveau des systèmes. Si cela est juste, alors on peut supposer qu'un système à complexité plus élevée, qui a davantage besoin de la confiance, nécessite en même temps plus de méfiance et doit ainsi institutionnaliser la méfiance, par exemple sous la forme de contrôles.

La rationalité systémique ne peut être attribuée uniquement à la confiance. Elle se situe plutôt à un niveau qui englobe la confiance et la méfiance, notamment dans la *schématisation binaire* d'une relation originaire au monde en une *alternative* structurée entre la confiance et la méfiance[1]. Il faudrait comparer les avantages d'une telle schématisation avec des codes binaires plus fortement formalisés et spécialisés, comme celui de droit/non-droit et celui de vérité/non-vérité. Dans tous ces cas, les définitions de situation opposées l'une à l'autre constituent des grandeurs logiquement non convertibles[2]. Mais, au moyen d'une schématisation binaire, elles sont traitées comme si elles pouvaient passer de l'une à l'autre par une

▲ 1. Au sujet de l'improbabilité propre au monde vécu et des particularités linguistiques des « doubles paradigmes », cf. Weinrich H., « Syntax als Dialektik (Bochumer Diskussion) », *Poetica*, 1, 1967, p. 61-74. Les définitions de situations qui imposent au partenaire une alternative exclusive (*ein ausschließendes Entweder/Oder*) sont ressenties dans les relations sociales comme des obligations. C'est précisément pourquoi il serait intéressant de savoir à quelles conditions elles peuvent néanmoins être normalisées.

▲ 2. Au sens de Thompson J. W., « The Importance of Opposites in Human Relations », art. cité. Cf. *supra* p. 83, n. 1.

simple négation. Le passage d'une forme à l'autre s'en trouve facilité ; les deux se rapprochent précisément dans la mesure où elles sont conçues comme des opposés et c'est en cela que réside le gain en rationalité. En effet, la facilité et la maniabilité avec lesquelles s'effectue le passage à l'opposé permettent de rendre supportable un risque plus élevé dans l'établissement d'un système. L'infériorité relative ainsi que le « niveau technique » relativement bas du mécanisme de la confiance par rapport au code de vérité ou au code juridique se révèlent, entre autres, dans les difficultés élevées que présente la possibilité d'une négation en son contraire : la confiance se transforme plus facilement en méfiance que le contraire.

Les réflexions de ce genre se trouvent dans un rapport analogique lointain avec la position qu'a adoptée l'éthique : à savoir que la confiance doit constituer la règle et la méfiance, l'exception, que la confiance, en cas de doute, doit être privilégiée tout en laissant place à la méfiance. Cependant, elles ne permettent ce genre de monnayage en directives pour l'agir. Lorsque vient le moment de décider dans un cas particulier, la confiance et la méfiance s'excluent l'une l'autre. Pour une science de l'action telle l'éthique, leur relation devait être construite dans le sens d'un ou bien/ou bien en suivant donc le schéma règle/exception. Par contre, si l'on considère les systèmes en tant que mécanismes généraux, la confiance et la méfiance peuvent croître ensemble, dans la mesure où les perspectives et les situations peuvent être suffisamment différenciées. À ce niveau abstrait de considération, on n'obtient aucune indication si, dans tel ou tel cas, il faudrait faire confiance ou faire preuve de méfiance[1]. Seules des analyses très fines des systèmes particuliers pourraient contribuer à fonder une décision à ce sujet. Sur le plan de la théorie des systèmes, il est toutefois possible de fonder un jugement sur la rationalité du mécanisme de la confiance et sur certaines conditions systémiques sous lesquelles il peut assumer sa fonction.

Un accroissement systémico-rationnel de la performance de la confiance dépendra des aspects de la formation de la confiance que nous avons traités au cours de notre recherche et que nous ne pouvons énumérer à nouveau. Mais une question sans doute décisive est demeurée en suspens : celle de savoir si et de quelle manière la confiance et la méfiance peuvent par la for-

▲ 1. L'analyse fonctionnelle permet certes une comparaison générale entre des équivalents fonctionnels, mais elle ne peut fonder une décision en faveur ou à l'encontre de certaines opérations. Une telle décision présuppose toujours des prises de position posant des jugements de valeur, prises de position qui peuvent certes être suggérées par l'analyse de systèmes concrets démontrant les conséquences et les effets secondaires de toutes les alternatives imaginables, mais qui ne peuvent être fondées sur elle. Ces recherches sur les systèmes concrets peuvent déboucher sur l'existence d'impasses relativement à certaines fonctions, cela dans la mesure où les opérations afférentes entraînent des problèmes sérieux tout en étant difficilement remplaçables par des équivalents. Il peut alors arriver qu'à certaines constellations de problèmes du système, il apparaisse tout à fait sensé d'exiger plus ou moins de confiance ou de méfiance à certains points de vue et de considérer cela comme étant plus rationnel : plus de confiance, par exemple, pour jeter les bases de nouvelles combinaisons d'action ou plus de méfiance, par exemple, pour réduire dans le système le nombre de déceptions et d'erreurs. Même dans ce cas, la décision en faveur ou à l'encontre de telles modifications présuppose toujours que leurs conséquences font l'objet d'une évaluation.

mation de systèmes être coordonnés et s'accroître mutuellement. Pour des raisons liées à la théorie générale des systèmes et que nous ne pouvons développer adéquatement ici, deux processus étroitement liés l'un à l'autre doivent être décisifs : l'auto-différentiation du système par rapport à son environnement, c'est-à-dire l'établissement de frontières, et la différentiation interne du système, c'est-à-dire la spécification fonctionnelle de ses sous-systèmes et de ses mécanismes.

L'un des fondements de la théorie des systèmes est la thèse selon laquelle les systèmes se constituent par l'établissement d'une différence entre l'interne et l'externe et qu'ils se maintiennent par la conservation de cette frontière[1]. Lorsque, au sens sociologique du terme, nous concevons la rationalité comme étant la rationalité du système, il devient plausible de chercher *dans cette différence interne/externe un critère rationnel pour déterminer où placer sa confiance et sa méfiance ainsi que pour déterminer leur accroissement conjoint.*

Dans l'élaboration de cette idée, il faut porter une attention particulière aux différences entre les diverses références systémiques. Le système de référence dont nous considérons présentement la différence interne/externe n'est pas le système qui fait preuve de confiance ou de méfiance. Il ne s'agit donc pas de la différence précédemment expliquée entre les conditions externes et les conditions internes de la confiance. Nous faisons plutôt référence ici au cas où un système, qu'il s'agisse d'une personne ou d'un système social, prend part à un autre système social de telle sorte que, par quelques-unes de ses actions, il devient, au moyen de relations d'appartenance en tant que membre, emboîté dans un système social et qu'il doit distinguer si la confiance, du point de vue de ce système d'appartenance, est exigée pour des processus intra- ou extrasystémiques. Bien que différents genres d'emboîtements de systèmes entrent ici en considération, nous pouvons pour simplifier nous orienter sur le cas de l'appartenance des personnes à des organisations.

Nous pouvons admettre au moyen d'une approche schématique que les processus internes jouissent de plus de confiance et la conservent davantage que les processus externes, que l'on fait davantage confiance au collègue dans son rôle qu'à une personne extérieure, à un membre de son club, de son parti, de son association qu'à un étranger. On ne peut rejeter du revers de la main le fait qu'une telle différenciation est répandue et peut être rationnelle et qu'elle est soutenue par la ligne de démarcation entre ce qui est familier et ce qui ne l'est pas. On retrouve de telles frontières systémiques en tant que frontières de confiance de façon particulièrement marquée

▲ 1. Cf. entre autres le concept de « *boundary maintaining system* » chez Parsons ; cf. par exemple Parsons T., Shils E. A., eds, *Toward a General Theory of Action, op. cit.*, p. 108 et s. ; Parsons T., « Some Comments on the State of the General Theory of Action », *American Sociological Review*, 18, 1953, p. 623. Pour des idées similaires, cf. notamment Optner S. L., *Systems Analysis for Business Management*, Englewood Cliffs, N. J., Prentice-Hall, 1960, p. 20 et s. ; Herbst P. G., « A Theory of Simple Behaviour Systems », *Human Relations*, 14, 1961, p. 78 et s. ; Easton D., *A Framework for Political Analysis*, Englewood Cliffs, N.J., Prentice-Hall, 1965, p. 24 et s. et p. 60 et s.

dans tous les systèmes sociaux qui doivent produire des opérations internes qui ne sont pas présentables à l'externe ou qui sont carrément illégales et qui, en tant que telles, doivent demeurer secrètes[1]. De toute manière, une analyse fonctionnelle des problèmes auxquels sont confrontés les systèmes sociaux complexes ne produirait pas cette image simplifiée. Il peut être essentiel à l'existence de nombreux systèmes d'être en mesure de faire confiance à leur environnement pour pouvoir participer à des relations qui ne sont possibles qu'au moyen d'une confiance réciproque. Dans ce cas, c'est aussi à l'externe que les membres de ce système doivent pouvoir démontrer leur confiance. Les relations internes peuvent, par exemple dans les strates inférieures des grandes organisations modernes, être programmées de manière si poussée que la confiance entre membres d'un même système ne devient pratiquement plus nécessaire parce que les incertitudes comportementales sont surmontées par d'autres mécanismes. De nombreux systèmes ont besoin également dans leurs relations internes de forts influx de méfiance pour demeurer alertes et ouverts à l'innovation et ne pas succomber au train-train habituel que représente le fait de s'appuyer les uns sur les autres.

Il ne faut pas se méprendre et confondre la différenciation interne/externe avec la frontière qu'il y a entre la confiance exigée et la méfiance justifiée. Particulièrement à un haut niveau de différenciation sociale et de spécialisation systémique, les différences internes ont tendance à s'accroître alors que les différences par rapport à l'environnement ont tendance à se réduire[2]. Les frontières systémiques rendent toutefois possible une stratégie différenciée de distribution de la confiance et de la méfiance au sens où les membres, face aux processus internes, ont d'autres raisons de faire confiance ou de faire preuve de méfiance et le font en un autre sens que lorsqu'il s'agit de processus externes. Le monde interne au système est un autre monde que le monde externe et c'est pour cette raison que personne n'est contraint d'être « cohérent » dans ses démonstrations de confiance au-delà des limites du système. On peut, par exemple, s'appuyer sans y réfléchir sur la position d'un collègue dans un dossier sans pour autant se risquer à lui prêter de l'argent « à titre personnel ». Les frontières du système fonctionnent comme les seuils critiques au sens discuté aux pages 85 et suivantes, seuils auxquels la familiarité et la confiance peuvent se transformer en méfiance et où la confiance systémique peut se transformer en confiance personnelle ou en méfiance et où la méfiance peut se transformer en indifférence.

Un niveau élevé de confiance peut se fonder à l'interne sur des processus sélectifs pour le choix des membres dans le cadre des critères servant à celui-ci ; d'un autre côté, une méfiance aiguë spécifique, aux fins des instan-

▲1. On en trouvera un exemple pertinent chez J. Bensman et I. Gerver (« Crime and Punishment in the Factory: The Function of Deviancy in Maintaining the Social System », *American Sociological Review*, 28, 1963, p. 588-598) et une explication approfondie chez E. Goffman (*The Presentation of Self in Everyday Life*, *op. cit.*, p. 77 et s.).

▲2. Cf. à ce sujet Simmel G., *Über sociale Differenzierung*, Amsterdam, Liberac, 1966 (1re édition : 1890).

ces de contrôle par exemple, peut être érigée en devoir formel. Dans le cas des relations externes, ce genre de raisons systémico-structurelles pour la confiance et la méfiance n'existent pas et il s'agit plutôt dans ce cas d'un apprentissage concret et du maintien de relations de confiance dans les rapports entre le système et son environnement, de la liberté que conservent les postes-frontières pour réguler la circulation du système ou encore de la force du système et de la protection qu'il garantit à ses membres dans les cas où un comportement méfiant conduirait à des perturbations et à des conflits dans les rapports avec l'environnement.

C'est précisément cette différenciation des perspectives à l'égard de la confiance et de la méfiance qui est rationnelle du point de vue du système. Car elle contribue à préserver le haut niveau d'ordre interne du système par rapport à l'environnement ou, formulé autrement, à stabiliser un ordre systémique plus simple, moins complexe, qui est adapté aux capacités d'action de l'être humain. Elle sert également à surmonter l'écart de complexité qui existe entre le système et l'environnement. Dans le répertoire des stratégies systémiques et des fonctions latentes qui servent à la conservation du système, la confiance ne joue évidemment qu'un rôle limité, cela d'un point de vue interne aussi bien qu'externe. Plus l'environnement d'un système se maintient fermement à travers des systèmes qui se chevauchent contre des fluctuations trop violentes et imprévisibles, plus le système peut en venir à diriger ses actions à partir de techniques décisionnelles rationalisées à l'interne et ainsi à remplacer les témoignages de confiance par le calcul des probabilités. Quant à savoir si et à quelles conditions un tel processus de substitution est lui-même rationnel, cela ne peut être évalué que dans le cadre de notre conception très large de la rationalité, laquelle permet de considérer comme rationnelle une confiance apparue d'une manière qui semble « irrationnelle », cela dans la mesure où elle remplit les fonctions qui servent le maintien du système.

Une autre perspective, qui peut contribuer à la rationalisation de la confiance et de la méfiance au sein des systèmes sociaux et à laquelle il a été fait écho à de nombreuses reprises dans les pages précédentes, doit maintenant être traitée dans la problématique particulière qui est la sienne. Il s'agit de la *spécifiabilité des perspectives sous lesquelles la confiance ou la méfiance* peut apparaître. Dans la mesure où les frontières d'un système sont posées, celui-ci peut circonscrire des sous-systèmes et des mécanismes relatifs à des fonctions spécifiques et ainsi définir de manière plus précise des actions, des situations et des rôles par rapport auxquels la confiance ou la méfiance est attendue. Ce qui serait dépourvu de sens à titre de règle générale de vie ou qui ne pourrait être motivé peut ainsi être obtenu à l'intérieur des frontières de systèmes spécifiques qui eux-mêmes jouissent de la confiance de leurs membres.

Certes, de la manière dont la complexité est réduite, la confiance et la méfiance sont en principe diffuses et orientées sur la personne concrète, le groupe ou bien sur les objets et événements qui symbolisent le fait qu'ils sont dignes de confiance. Mais cela ne signifie pas que les relations de confiance ne puissent pas être limitées à des perspectives déterminées. Il est possible de faire confiance à quelqu'un dans les choses de l'amour, mais non dans les affaires d'argent, de faire confiance à son savoir, mais non à ses habiletés, à ses intentions morales, mais non à sa capacité à relater objectivement les choses, de faire confiance à son goût, mais non à sa discrétion. Cette spécification peut être fondée simplement sur le fait que la confiance a été apprise avec cette limitation et qu'elle a échoué sur d'autres plans. Il se peut également qu'elle remonte à un intérêt sélectif du système auquel les participants appartiennent et qui a structuré au départ le processus d'apprentissage lui-même.

Les possibilités d'une rationalisation systémique semblent résider dans cette préstructuration et cette légitimation des opportunités spécifiques pour la confiance et la méfiance. De cette manière, les systèmes peuvent fournir de la confiance et de la méfiance en parallèle, ils peuvent même imbriquer l'une et l'autre de multiples façons et ainsi augmenter leur niveau. Lorsqu'il est question de la liberté de mouvement du bambin de deux ans, les autres membres de la famille ont une méfiance légitime et ils ont en même temps confiance dans leur méfiance. Des contrôles opérant sous une commande spécifique de méfiance peuvent être institués dans des organisations et, dans ce cas également, les autres placent leur confiance dans le fonctionnement de cette méfiance, et il n'est pas rare que ce soit le cas également même de ceux qui sont contrôlés[1]. Il existe même des rôles auxquels il est permis, dans l'horizon spécifique de leur tâche, de considérer les objets de confiance comme ne jouissant d'aucune confiance et de recevoir avec méfiance les informations rapportées à leur sujet – c'est le cas des chercheurs et des juges, entre autres[2]. Comme nous l'avons vu, la confiance dans les systèmes en tant que totalité peut dépendre de manière décisive de l'interruption de la confiance en des endroits cruciaux ainsi que du surgissement de la méfiance. Mais à l'inverse ce n'est qu'à l'intérieur de systèmes auxquels il est fait confiance que la méfiance peut être institutionnalisée et délimitée de manière à ne pas être attribuée à des personnes et à ne pas devenir réciproque et qu'elle se préserve sans dégénérer en conflits.

Pour accroître la performance de ces différents mécanismes, il faut que leur combinaison soit garantie indépendamment des structures personnelles de motivation et du penchant pour le risque. Cela ne peut se produire qu'au moyen d'une organisation qui introduit de nouveaux motifs impersonnels d'action. C'est la raison pour laquelle une auto-différenciation du système

▲ 1. C'est le cas, par exemple, de la perforatrice qui peut travailler plus rapidement et avec moins de soin lorsqu'elle sait que la superviseure est près d'elle.

▲ 2. La récente sociologie des organisations a amplement documenté le fait que ces rôles de méfiance, en dépit de leur spécification et de leur dépersonnalisation, contiennent toujours en eux les germes de conflits intra organisationnels. Elle a adopté à l'égard des rôles de méfiance une attitude critique dans les cas de contrôle et de surveillance et une attitude positive dans le cas des innovations. À titre d'exemples typiques, cf. Gouldner A. W., *Patterns of Industrial Bureaucrac...*, *op. cit.* ; cf. de plus Thompson V. A., *Modern Organization*, New York, Knopf, 1961 et « Bureaucracy and Innovation », *Administrative Science Quarterly*, 10, 1965, p. 1-20 ; Kahn R. L., Wolfe D. P., Quinn R. P., Snoek D. J., *Organizational Stress: Studies in Role Conflict and Ambiguity*, New York, Wiley, 1964, p. 125 et s.

auquel la confiance est accordée constitue la condition d'une spécification interne majeure. L'organisation ne rend nullement superflue ni la confiance ni la méfiance, mais elle dépersonnalise ces mécanismes. Celui qui fait confiance ne le fait plus à ses propres risques, mais aux risques du système ; il doit toutefois veiller à ce qu'aucune erreur attestable ne puisse lui être attribuée dans ce témoignage de confiance. Celui qui se méfie ne le fait plus en ayant recours à ses propres modes de réduction tels l'inimitié personnelle, le combat ou le souci de la sécurité, mais en se fondant sur le système qui a déjà préprogrammé des modes de comportement pour les cas de déception et qui protège celui qui se méfie contre l'ensemble des complications éventuelles.

De manière caractéristique, les organisations dans lesquelles la confiance et la méfiance deviennent des aspects attendus de la tâche à accomplir ne dispensent pas l'acteur de devoir choisir entre ces deux possibilités. Mais celui qui fait confiance doit conserver un reste de méfiance, il doit par exemple intervenir lorsque son collègue adopte une prise de position manifestement fausse. Et celui qui fait preuve de méfiance ne peut pas non plus, par exemple lorsqu'il est soumis à des contrôles, pousser à la limite sa méfiance, par ailleurs justifiée, sans nuire en cela à l'entreprise. L'organisation et la spécification du système opèrent ce que l'éthique attendait de la nature des choses : des indices évidents qui prouvent, dans un cas particulier, que la confiance ou la méfiance est appropriée et rationnelle.

Au total, la théorie des systèmes fait davantage que l'éthique dans la mesure où elle rend saisissables de telles opérations de spécification de la part des systèmes. Mais elle non plus ne peut pas en fin de compte dire à l'acteur de quelle manière il doit agir et s'il doit faire confiance ou non. Mais elle comporte des possibilités d'expliquer comment les systèmes peuvent être organisés, systèmes dans lesquels en dépit de leur complexité élevée le soin peut être laissé à l'acteur de décider s'il fait confiance ou non. Les systèmes sont rationnels dans la mesure où ils peuvent appréhender et réduire la complexité et ils ne peuvent faire cela que s'ils savent comment faire usage de la confiance et de la méfiance sans surcharger celui qui, en fin de compte, fait preuve de confiance ou manifeste de la méfiance : l'homme.

Cette réflexion nous ramène à notre point de départ, c'est-à-dire au problème de la complexité. Sur le plan de l'histoire comme sur le plan chosal, la confiance prend plusieurs formes. Au sein des ordres sociaux archaïques, elle possède un autre style qu'au sein des sociétés civilisées ; il peut s'agir de la confiance personnelle surgissant spontanément ou résultant d'une tactique fondée sur la perception des motifs ou encore de la confiance dans les mécanismes systémiques généraux. Elle se dérobe à toute instruction éthique univoque. Ce n'est qu'à partir de sa fonction qu'elle peut être conçue en tant qu'unité et qu'elle peut être comparée à d'autres opérations fonctionnellement équivalentes. La confiance réduit la complexité sociale en ce qu'elle extrapole l'information disponible et généralise des attentes comportementales, dans la mesure où elle remplace l'information manquante par une assurance intérieure garantie. Elle demeure en cela dépendante d'autres opérations de réductions qui se sont développées en parallèle, par exemple de celles du droit, des organisations et, évidemment, de celles du langage ; mais elle ne se réduit pas à celles-ci. La confiance n'est pas le seul fondement du monde, mais elle est une représentation du monde très complexe et pourtant structurée qui ne peut se construire sans une société relativement complexe, laquelle, en retour, ne peut se construire sans la confiance.

Bibliographie

Adler M., *Das Rätsel der Gesellschaft. Zur erkenntnis-kritischen Grundlegung der Sozialwissenschaft*, Vienne, Saturn-Verlag, 1936.

Agger R. E., Goldstein M. N., Pearl A., « Political Cynism: Measurement and Meaning », *Journal of Politics*, 23, 1961, p. 477-506.

Albach H., *Investition und Liquidität: die Planung des optimalen Investitionsbudgets*, Wiesbaden, Betriebswirtschaftlicher Verlag Th. Gabler, 1962.

Allen L. A., *Management and Organization*, New York-Londres-Toronto, McGraw-Hill, 1958.

Allport F. H., *Theories of Perception and the Concept of Structure*, New York-Londres, Wiley , 1955.

Ashby W. R., *Design for a Brain*, Londres, Chapman and Hall, 1954.

Atkinson J. W., « Motivational Determinants of Risk-Taking Behavior », *Psychological Review*, 64, 1957, p. 359-372.

Bales R. F., *Interaction Process Analysis: A Method for the Study of Small Groups*, Cambridge, Mass., Addison-Wesley Press, 1951.

Barth H., *Fluten und Dämme. Der philosophische Gedanke in der Politik*, Zurich, Fretz und Wasmuth, 1943.

Bauch B., « Das Vertrauen als ethisches Problem », *Die Tatwelt*, 14, 1938, p. 67-74.

Baum B. H., *Decentralization of Authority in a Bureaucracy*, Englewood Cliffs, N.J., Prentice-Hall, 1961.

Baum R. C., « On Societal Media Dynamics: An Exploration », *in* Loubser J. J., Baum R. C., Effrat A., Lidz V., eds, *Explorations in General Theory in Social Science: Essays in Honor of Talcott Parsons*, New York, Free Press, 1976.

Bednarski J., « La réduction husserlienne », *Revue de métaphysique et de morale*, 1957, p. 418-435.

Bensman J., Gerver I., « Crime and Punishment in the Factory: The Function of Deviancy in Maintaining the Social System », *American Sociological Review*, 28, 1963, p. 588-598.

Berger P. L., *Invitation to Sociology: A Humanistic Perspective*, Garden City, N. Y., Doubleday, 1963.

Berger P. L., Kellner H., « Die Ehe und die Konstruktion der Wirklichkeit: Eine Abhandlung zur Mikrosoziologie des Wissens », *Soziale Welt*, 16, 1965, p. 220-235.

Berger P. L., Luckmann Th., *The Social Construction of Reality. A Treatise in the Sociology of Knowledge*, Garden City, N.Y., Doubleday, 1966.

Berger P. L., Pullberg St., « Verdinglichung und die soziologische Kritik des Bewußtseins », *Soziale Welt*, 16, 1965, p. 97-112.

Bergson H., *Essai sur les données immédiates de la conscience*, Paris, Alcan, 1889.

Bertalanffy L. (von), « Zu einer allgemeinen Systemlehre », *Biologica Generalis*, 19, 1949, p. 114-129.

Binswanger L., *Grundformen und Erkenntnis menschlichen Daseins*, Zurich, R. Niehans Verlag, 1953.

Blain R. R., « An Alternative to Parsons's Four-Fonction Paradigm as a Basis for Developing General Sociological Theory », *American Sociological Review*, 36, 1971, p. 678-692.

Blau P. M., « Patterns of Deviation in Work Groups », *Sociometry*, 23, 1960, p. 245-261.

- *Exchange and Power in Social Life*, New Yok-Londres-Sydney, Wiley, 1964.

Braibanti R., « Public Bureaucracy and Judiciary in Pakistan », *in* La Palombara J., ed., *Bureaucracy and Political Development*, Princeton, N. J., Princeton University Press, 1963, p. 360-440.

Brand G., *Welt, Ich und Zeit. Nach unveröffentlichen Manuskripten Edmund Husserls*, Den Haag, Nijhoff, 1955.

Braybrooke D., « The Mystery of Executive Success Re-Examined », *Administrative Science Quarterly*, 8, 1964, p. 533-560.

Bruner J. S., Goodnow J. J., Austin G. A., *A Study of Thinking*, New York-Londres, R. E. Krieger Pub. Co., 1956.

Burns T., « Friends, Enemies, and the Polite Fiction », *American Sociological Review*, 18, 1953, p. 654-662.

Canaris C.-W., *Die Vertrauenshaftung im deutschen Privatrecht*, Munich, Beck, 1971.

Cazeneuve J., « La connaissance d'autrui dans les sociétés archaïques », *Cahiers Internationaux de Sociologie*, 25, 1958, p.75-99.

Claessens D., *Familie und Wertsystem. Eine Studie zur « zweiten sozio-kulturellen Geburt » des Menschen*, Berlin, Dunker & Humblot, 1962.

- *Instinkt, Psyche, Geltung: Zur Legitimation menschlichen Verhaltens. Eine soziologische Anthropologie*, Cologne-Opladen, Westdeutscher Verlag, 1970.

Craushaar G. (von), *Der Einfluß des Vertrauens auf die Privatrechtsbildung*, München, Beck, 1969.

Daily C. A., « The Effects of Premature Conclusion upon the Acquisition of Understanding of a Person », *Journal of Psychology*, 33, 1952, p. 133-152.

Dale H. E., *The Higher Civil Service of Great Britain*, London, Oxford University Press, 1941.

Darmstädter F., « Recht und Jurist », *Süddeutsche Juristen-Zeitung*, 3, 1948, p. 430-436.

Davis K., « The Myth of Functional Analysis as a Special Method in Sociology and Anthropology », *American Sociological Review*, 24, 1959, p. 757-772.

Deutsch K., *The Nerves of Government: Models of Political Communication and Control*, New York-London, Free Press, 1963.

Deutsch M., « Trust and Suspicion », *The Journal of Conflict Resolution*, 2, 1958, p. 265-279.

- « The Effect of Motivational Orientation upon Trust and Suspicion », *Human Relations*, 13, 1960, p. 123-139.
- « Trust, Trustworthiness and the F-Scale », *The Journal of Abnormal and Social Psychology*, 61, 1960, p. 138-140.
- « Cooperation and Trust: Some Theoretical Notes », *Nebraska Symposium on Motivation*, 1962, p. 275-319.

Dewey J., *Experience and Nature*, Chicago, London, Open Court Publishing Company, 1925.
Diesel E., *Die Macht des Vertrauens*, München, Hermann Rinn Verlag, 1947.
Easton D., *A Framework for Political Analysis*, Englewood Cliffs, N.J., Prentice-Hall, 1965.
- *A Systems Analysis of Political Life*, New York, Wiley, 1965.
Edelman M., *The Symbolic Uses of Politics*, Urbana, University of Illinois Press, 1964.
Eichler H., *Die Rechtslehre vom Vertrauen. Privatrechtliche Untersuchungen über den Schutz des Vertrauens*, Tübingen, Mohr, 1950.
Elias N., *Über den Prozeß der Zivilisation. Soziogenetische und psychogenetische Untersuchungen*, Basel, Haus zum Falken, 1939.
Etzioni A., *A Comparative Analysis of Complex Organizations: On Power, Involvement, and Their Correlates*, New York, Free Press, 1961.
- « Dual Leadership in Complex Organizations », *American Sociological Review*, 30, 1965, p. 688-698.
Evan W. M., « Peer Group Interaction and Organizational Socialization: A Study of Employee Turnover », *American Sociological Review*, 28, 1963, p. 436-440.
Evans G., « Effect of Unilateral Promise and Value of Rewards upon Cooperation and Trust », *The Journal of Abnormal and Social Psychology*, 69, 1964, p. 587-590.
Eyferth K., « Lernen als Anpassung des Organismus durch bedingte Reaktion », *in* Bergius R., Hg., *Handbuch der Psychologie, 1. Bd. Allgemeine Psychologie, I. Der Aufbau des Erkennens, 2. Halbbd. Lernen und Denken*, Göttingen, Hogrefe, 1964, p. 76-117.
- « Das Lernen von Haltungen, Bedürfnissen und sozialen Verhaltensweisen », *in* Bergius R., Hg., *Handbuch der Psychologie, 1. Bd. Allgemeine Psychologie, I. Der Aufbau des Erkennens, 2. Halbbd.: Lernen und Denken*, Göttingen, Hogrefe, 1964, p. 347-370.
Feinberg J., « Supererogation and Rules », *Ethics*, 71,1961, p. 276-288.
Fink E., *Sein, Wahrheit, Welt. Vorfragen zum Problem des Phänomenbegriffs*, Den Haag, Nijhoff, 1958.
Fraenkel E., *Das amerikanische Regierungssystem: Eine politische Analyse*, Köln, Opladen, 1960.
French J. R. P., Raven B., « The Bases of Social Power », *in* Cartwright D., ed., *Studies in Social Power*, Ann Arbor, University of Michigan Press, 1959, p. 150-167.
Frenkel-Brunswik E., « Intolerance of Ambiguity as an Emotional and Perceptual Personality Variable », *Journal of Personality*, 18, 1949, p. 108-143.
Friedeburg L. (von), *Soziologie des Betriebsklimas. Studien zur Deutung empirischer Untersuchungen in industriellen Großbetrieben*, Frankfurt-am-Main, Europäische Verlagsanstalt, 1963.
Friedrich C. J., « Authority, Reason, and Discretion », *in* Friedrich C. J., ed., *Authority*, Cambridge, Massachussets, Harvard University Press, 1958, p. 28-48.
- *Man and His Government. An Empirical Theory of Politics*, New York, Free Press, 1963.
Gäfgen G., « Zur Theorie kollektiver Entscheidungen in der Wirtschaft », *Jahrbücher für Nationalökonomie und Statistik*, 173, 1961, p. 1-49.
- *Theorie der wirtschaftlichen Entscheidung. Untersuchungen zur Logik und ökonomischen Bedeutung des rationalen Handelns*, Tübingen, Mohr, 1963.
Gale R. M., *The Language of Time*, London, Routledge and Kegan Paul, 1968.

Garfinkel H., « A Conception of, and Experiments with, "Trust" as a Condition of Stable Concerted Actions », *in* Harvey O. J., ed., *Motivation and Social Interaction: Cognitive Determinants*, New York, Ronald Press, 1963, p. 187-238.

- « Studies of the Routine Grounds of Everyday Activities », *Social Problems*, 11, 1964, p. 225 -250.

Garner W. R., *Uncertainty and Structure as Psychological Concepts*, New York, Wiley, 1962.

Geiger Th., « Zur Soziologie der Industriearbeit und des Betriebs », *Die Arbeit*, 6, 1929, p. 673-689 et 766-781.

Gibb J. R., « Climate for Trust Formation », *in* Bradford L. P., Gibb J. R., Benne K. D., eds, *T-Group Theory and Laboratory Method. Innovation in Re-Education*, New York, Wiley, 1964, p. 279-309.

Glaser B. G., Strauss A. L., « Temporal Aspects of Dying as a Nonscheduled Statuspassage », *American Journal of Sociology*, 71, 1965, p. 48-59.

Goffman E., « On Cooling the Mark Out », *Psychiatry*, 15, 1952, p. 451-463.

- « On Face Work », *Psychiatry*, 18, 1955, p. 213-231.
- « Alienation from Interaction », *Human Relations*, 10, 1957, p. 47-59.
- *The Presentation of Self in Everyday Life*, New York, Doubleday, 1959.
- *Behavior in Public Places. Notes on the Social Organization of Gatherings*, New York-London, Free Press/MacMillan, 1963.
- *Stigma. Notes on the Management of Spoiled Identity*, Englewood Cliffs, N. J., Prentice-Hall, 1963.
- *Strategic Interaction*, Philadelphia, University of Pennsylvania Press, 1969.

Golembiewski R. T., « Authority as a Problem in Overlays: A Concept for Action and Analysis », *Administrative Science Quarterly*, 9, 1964, p. 23-49.

Gouldner A. W., *Wildcat Strike: A Study in Worker-Management Relationships*, New York, Harper and Row, 1954.

- *Patterns of Industrial Bureaucracy: A Case Study of Modern Factory Administration.* New York, Free Press, 1954.
- « Reciprocity and Autonomy in Functional Theory », *in* Gross L., ed., *Symposium on Sociological Theory*, Evanston, Ill., Row, Peterson, 1959, p. 241-270.
- « The Norm of Reciprocity: A Preliminary Statement », *American Sociological Review*, 25, 1960, p. 161-178.

Gross E., Stone G. P., « Embarrassement and the Analysis of Role Requirements », *American Journal of Sociology*, 70, 1964, p. 1-15.

Guest R. H., *Organizational Change: The Effect of Successful Leadership*, Homewood, Ill., Dorsey Press, 1962.

Gurwitsch A., « The Common-sense World as Social Reality: A Discourse on Alfred Schutz », *Social Research*, 29, 1962, p. 50-72.

Guzmàn C.G., Fals Borda O., Umana Luno E., *La violencia en Colombia, estudio de un proceso social*, Bogota, Ediciones Tercer Mundo, 1962.

Habermas J., Luhmann N., *Theorie der Gesellschaft oder Sozialtechnologie ?*, Frankfurt-am-Main, Suhrkamp, 1971.

Hartmann H., *Funktionale Autorität. Systematische Abhandlung zu einem soziologischen Begriff*, Stuttgart, Ferdinand Enke Verlag, 1964.

Hartmann N., *Ethik*, Berlin, de Gruyter, 1962.

Hauke H., *Die anthropologische Funktion des Vertrauens. Seine Bedeutung für die Erziehung*, Diss. Tübingen, 1956.

Harvey O. J., Schroder H. M., « Cognitive Aspects of Self and Motivation », *in* Harvey O. J., ed., *Motivation and Social Interaction: Cognitive Determinants*, New York, Ronald Press, 1963, p. 95-133.
Heidegger M., *Sein und Zeit*, Tübingen, Niemeyer, 1949.
- « Die Zeit des Weltbildes », in *Holzwege*, Frankfurt, Klostermann, 1950.
Heider F., « Social Perception and Phenomenal Causality », *Psychological Review*, 51, 1944, p. 358-374.
- *The Psychology of Interpersonal Relations*, New York-London, Wiley, 1958.
Heller H., *Staatslehre*, Leiden, Sijthof, 1934.
Hennis W., « Amtsgedanke und Demokratiebegriff », *in* Hesse K., Hg., *Staatsverfassung und Kirchenordnung. Festgabe für Rudolf Smend zum 80. Geburtstag am 15. Januar 1962*, Tübingen, Mohr, 1962, p. 51-70.
Henslin J. M., « Trust and the Cab Driver », *in* Truzzi M., ed., *Sociology and Everyday Life*, Englewood Cliffs, N.J., Prentice Hall, 1968, p. 138-158.
Herbst P. G., « A Theory of Simple Behaviour Systems », *Human Relations*, 14, 1961, p. 71-94 et p. 193-239.
Hocking W. E., « Marcel and the Ground Issues of Metaphysics », *Philosophy and Phenomenological Research*, 14, 1953/54, p. 439-469.
Hofstätter P. R., *Einführung in die Sozialpsychologie*, Stuttgart, Humboldt, 1959.
Hohl H., *Lebenswelt und Geschichte. Grundzüge der Spätphilosophie Edmund Husserls*, Freiburg, Karl Alber, 1962.
Horwitz M., « Psychological Needs as a Function of Social Environment », *in* White L. D., ed., *The State of the Social Sciences*, Chicago, University of Chicago Press, 1956, p. 162-183.
Hülsmann H., « Hermeneutik und Gesellschaft », *Soziale Welt*, 18, 1967, p. 1-28.
Humphreys L. G., « Acquisition and Extinction of Verbal Expectations in a Situation Analogous to Conditioning », *Journal of Experimental Psychology*, 25, 1939, p. 294-301.
Husserl E., « Vorlesungen zur Phänomenologie des inneren Zeitbewußtseins », *in* Martin Heidegger M., Hrsg., *Jahrbuch für Philosophie und phänomenologische Forschung*, 9, 1928, p. 367-496.
- *Erfahrung und Urteil*, Hamburg, Claassen & Goverts, 1948.
- *Cartesianische Meditationen und Pariser Verträge*, Husserlinana Bd. I, Den Haag, Martinus Nijhoff, 1950.
- *Ideen zu einer reinen Phänomenologie und phänomenologischen Philosophie*, Bd. II. *Phänomenologische Untersuchungen zur Konstitution*, Husserliana Bd. IV, Den Haag, Martinus Nijhoff, 1952.
- *Die Krisis der europäischen Wissenschaften und die transzendentale Phänomenologie*, Husserliana Bd. VI, Den Haag, Martinus Nijhoff, 1954.
Irwin F. W., « The Realism of Expectations », *Psychological Review*, 51, 1944, p. 120-126.
Janowitz M., *The Professional Soldier. A Social and Political Portrait*, New York, Free Press, 1960.
Jennings H. H., *Leadership and Isolation. A Study of Personality in Interpersonal Relations*, New York-London-Toronto, Longmans, Green & Co. 1950.
Jennings M. K., Cummings M. C., Kilpatrick P. P., « Trusted Leaders: Perception of Appointed Federal Officials », *Public Opinion Quarterly*, 30, 1966, p. 368-384.
Jones E. E., Thibaut J. W, « Interaction Goals as Bases of Inference in Interpersonal Perception », *in* Tagiuri R., Petrullo L., eds, *Person Perception and Interpersonal Behavior*, Stanford, Cal., Stanford University Press, 1958, p. 151-178.

Jones E. E., Davis K. E., Gergen K. J., « Role Playing Variation and their Informational Value for Perception », *The Journal of Abnormal and Social Psychology*, 63, 1961, p. 302-310.

Jones E. E., Gergen K. J., Jones R. C., « Tactics of Ingratiation Among Leaders and Subordinates in a Status Hierarchy », *Psychological Monographs*, 77, 1963.

Jost W., *Das Sozialleben des industriellen Betriebs*, Berlin, Springer, 1932.

Kahn R. L., Wolfe D. P., Quinn R. P., Snoek D. J., *Organizational Stress: Studies in Role Conflict and Ambiguity*, New York, Wiley, 1964.

Kaufmann F. X., *Sicherheit als soziologisches und sozialpolitisches Problem: Untersuchungen zu einer Wertidee hochdifferenzierter Gesellschaften*, Stuttgart, Enke, 1970.

Keynes J. M., *The General Theory of Employment, Interest and Money*, London, MacMillan, 1936.

Kidd J. L., « A New Look at System Research and Analysis », *Human Factors*, 4, 1962, p. 209-216.

Koch H., « Zur Diskussion in der Ungewißheitstheorie », *Zeitschrift für handelswissenschaftiche Forschung*, 12, 1960, p. 49-75.

Koffka K., *Principles of Gestalt Psychology*, New York-London, Harcourt, Brace and Company, 1935.

Krüger H., *Allgemeine Staatslehre*, Stuttgart, Kohlhammer, 1964.

Krüsselberg H.-G., *Organisationstheorie, Theorie der Unternehmung und Oligopol. Materialien zu einer sozial-ökonomischen Theorie der Unternehmung*, Berlin, Duncker & Humblot, 1965.

Kwant R. C., *Phenomenology of Social Existence*, Pittsburgh, Duquesne University Press, 1965.

Landgrebe L., « The World as a Phenomenological Problem », *Philosophy and Phenomenological Research*, 1, 1940, p. 38-58, repris in *Der Weg der Phänomenologie*, Gütersloh, Gütersloher Verl.-Haus G. Mohn, 1963, p. 41-62.

– « Phänomenologische Bewußtseinsanalyse und Metaphysik », in *Der Weg der Phänomenologie*, Gütersloh, Gütersloher Verl.-Haus G. Mohn, 1963, p. 75-109.

Lane R. E., « The Decline of Politics and Ideology in a Knowledgeable Society », *American Sociological Review*, 31, 1966, p. 649-662.

Lapide H. A, *Dissertatio de ratione status in Imperio Nostro Romano-Germanico*, Freistadt, 1647.

Lenz K.-H., *Das Vertrauensschutzprinzip*, Berlin, de Gruyter, 1968.

Locke J., *Two Treatises of Civil Government*, édition Carpenter W. S., Ausgabe der Everyman's Library, London-New York, 1953.

Löwith K., *Das Individuum in der Rolle des Mitmenschen*, Darmstadt, Wissenschaftl. Buchgesellschaft, 1962.

Long N. E., « Administrative communication », *in* Mailick S., van Ness E. H., *Concepts and Issues in Administrative Behavior*, Englewood Cliffs, N.J., Prentice-Hall, 1962.

Loomis J. L., « Communication, the Development of Trust and Cooperative Behavior », *Human Relations*, 12, 1959, p. 305-315.

Luce D. R., Raiffa H., *Games and Decisions: Introduction and Critical Survey*, New York, Wiley, 1957.

Luhmann N., « Der neue Chef », *Verwaltungsarchiv*, 53, 1962, p. 11-24.

– *Funktionen und Folgen formaler Organisation*, Berlin, Duncker & Humblot, 1964.

– « Die Gewissensfreiheit und das Gewissen », *Archiv des öffentlichen Rechts*, 90, 1965, p. 257-286.

Luhmann N., *Grundrechte als Institution. Ein Beitrag zur politischen Soziologie*, Berlin, Duncker & Humblot, 1965.
- « Spontane Ordnungsbildung », *in* Morstein Marx F., Hrsg., *Verwaltung: Eine einführende Darstellung*, Berlin, Duncker & Humblot, 1965, p. 163-183.
- *Zweckbegriff und Systemrationalität. Über die Funktion von Zwecken in sozialen Systemen*, Tübingen, Mohr, 1968.
- *Soziologische Aufklärung. Aufsätze zur Theorie sozialer Systeme*, 2. Aufl., Opladen, Westdeutscher Verlag, 1971.
- *Rechtssoziologie*, 2 Bde, Reinbek, Rowohlt, 1972.
- « Generalized Media and the Problem of Contingency », *in* Loubser J. J., Baum R. C., Effrat A., Lidz V., eds, *Explorations in General Theory in Social Science: Essays in Honor of Talcott Parsons*, New York, Free Press, 1976.

Mainka J., *Vertrauensschutz im öffentlichen Recht*, Bonn, Röhrscheid, 1963.

Marcel G., *Être et Avoir*, Paris, Aubier, 1935.

Marcus Ph. M., « Expressive and Instrumental Groups », *American Journal of Sociology*, 66, 1960, p. 54-59.

Marschak J., « Towards an Economic Theory of Organization and Information », *in* Thrall R. M., Coombs C. H., und Davis R. L., eds, *Decision Processes*, New York-London Wiley, 1954, p. 187-220.
- « Elements for a Theory of Teams », *Management Science*, 1, 1955, p. 127-137.

Maruyama M., « The Second Cybernetics: Deviation-Amplifying Mutual Causal Processes », *General Systems*, 8, 1963, p. 233-241.

Mayer F., « Geschaftsgang », *in* Morstein Marx F., Hrsg., *Verwaltung: Eine einführende Darstellung*, Berlin, Duncker & Humblot, 1965, p. 298-314.

McTaggart J. E., « The Unreality of Time », *Mind*, 17, 1908, p. 457-474, repris *in Philosophical Studies*, London, E. Arnold, 1934.

Mead G. H., *Mind, Self and Society*, Chicago, The University of Chicago Press, 1934.
- *The Philosophy of the Act*, Chicago, The University of Chicago Press, 1938.

Merleau-Ponty M., *Phénoménologie de la perception*, Paris, Gallimard, 1945.

Merton R. K., « The Self-fulfilling Prophecy », in *Social Theory and Social Structure*, Glencoe, Ill., Free Press, 1957, p. 421-436.

Metzger W., *Psychologie. Entwicklung ihrer Grundannahmen seit der Einführung des Experiments*, 3. Aufl., Darmstadt, Steinkopff, 1963.

Milbrath L. W., *The Washington Lobbyists*, Chicago, Rand McNally, 1963.

Miller L. S., « Rules and Exceptions », *Ethics*, 66, 1956, p. 262-270.

Moore W. E., « Predicting Discontinuities in Social Change », *American Sociological Review*, 29, 1964, p. 331-338.

Nadel S. F., *The Theory of Social Structure*, Glencoe, Ill., Free Press, 1957.

Neumann J. (von), Morgenstern O., *Spieltheorie und wirtschaftliches Verhalten*, Würzburg, Physica-Verlag, 1961.

Nitschke A., « Angst und Vertrauen », *Die Sammlung*, 7, 1952, p. 175-180.

Optner S. L., *Systems Analysis for Business Management*, Englewood Cliffs, N. J., Prentice-Hall, 1960.

Ossenbühl F., « Vertrauensschutz im sozialen Rechtsstaat », *Die öffentliche Verwaltung*, 25, 1972, p. 25-36.

Parsons T., *The Social System*, Glencoe, Ill., Free Press, 1951.
- « Some Comments on the State of the General Theory of Action », *American Sociological Review*, 18, 1953, p. 618-631.
- « General Theory in Sociology », *in* Merton R. K., Broom L., Cottrell L. S. (Jr.), eds, *Sociology Today*, New York, Basic Books, 1959, p. 3-38.

Parsons T., « "Voting" and the Equilibrium of the American Political System », *in* Burdick E., Brodbeck A. J., eds, *American Voting Behavior*, Glencoe, Ill., Free Press, 1959, p. 80-120.
- « Pattern Variables Revisited », *American Sociological Review*, 25, 1960, p. 467-483.
- « The Point of View of the Author », *in* Black M., ed., *The Social Theories of Talcott Parsons. A Critical Examination*, Englewood Cliffs, N. J., Prentice Hall, 1961, p. 311-363.
- « An Outline of the Social System », *in* Parsons T., Shils E., Naegele K. D., Pitts J. R., eds, *Theories of Society. Foundations of Modern Sociological Theory*, New York, Free Press, 1961, p. 30-79.
- « On the Concept of Influence », *Public Opinion Quarterly*, 27, 1963, p. 37-62.
- « On the Concept of Political Power », *Proceeding of the American Philosophical Society*, 107, 1963, p. 232-262.
- « Die jüngsten Entwicklungen in der strukturell-funktionalen Theorie », *Kölner Zeitschrift für Soziologie und Sozialpsychologie*, 16, 1964, p. 30-49.
- « Evolutionary Universals in Society », *American Sociological Review*, 29, 1964, p. 339-357.
- « Some Reflections on the Place of Force in Social Process », *in* Eckstein H., ed., *Internal War: Problems and Approaches*, New York-London, Free Press, 1964, p. 33-70.
- « On the Concept of Value Commitments », *Sociological Inquiry*, 38, 1968, p. 135-160.
- « Some Problems of General Theory in Sociology », *in* McKinney J. C., Tiryakian E. A., eds, *Theoretical Sociology. Perspectives and Developments*, New York, Appleton-Century-Crofts, 1970, p. 27-68.

Parsons T., Shils E. A., eds, *Toward a General Theory of Action*, Cambridge, Mass., Harvard University Press, 1951.

Parsons T., Bales R. F., Shils E. A., *Working Papers in the Sociology of Action*, Glencoe, Ill., Free Press, 1953.

Parsons T., Bales R. F., *Family, Socialization and Interaction Process*, Glencoe, Ill., Free Press, 1953.

Parsons T., Smelser N. J., *Economy and Society*, Glencoe, Ill., Free Press, 1956.

Paulsen A., *Liquidität und Risiko in der wirtschaftlichen Entwicklung. Ein Beitrag zur dynamischen Wirtschanstheorie*, Frankfurt-am-Main-Berlin, Verl. für Sozialwissenschaften, 1950.

Peabody R. L., *Organizational Authority: Superior-Subordinate Relationships in Three Public Service Organizations*, New York, Atherton Press, 1964.

Piaget J., *Die Bildung des Zeitbegriffs beim Kinde*, Zürich, Rascher, 1955.

Pilisuk M., Skolnick P., « Inducing Trust. A Test of the Osgood Proposal », *Journal of Personality and Social Psychology*, 8, 1968, p. 121-133.

Plessner H., *Conditio Humana*, Pfullingen, Neske, 1964.

Pool I. de S., « The Mass Media and Politics in the Modernization Process », *in* Pye L. P., ed., *Communications and Political Development*, Princeton, N. J., Princeton University Press, 1963, p. 234-253.

Postman L., Bruner J. S., « Hypothesis and the Principle of Closure: The Effect of Frequency and Recency », *Journal of Psychology*, 31, 1952, p. 113-125.

Presthus R. V., « Authority in Organizations », *Public Administration Review*, 20, 1960, p. 86-91.

Prior A. N., *Time and Modality*, Oxford, Clarendon Press, 1957.

Prior A. N., *Papers on Time and Tense*, Oxford, Clarendon Press, 1968.

Rapoport A., *Fights, Games and Debates*, Ann Arbor, University of Michigan Press, 1960.

Rapoport A., Chammah A. M., *Prisoner's Dilemma. A Study in Conflict and cooperation*, Ann Arbor, University of Michigan Press, 1965.

Rescher N., « Truth and Necessity in Temporal Perspective », *in* Gale R. M., ed., *The Philosophy of Time*, London, MacMillan, 1968, p. 183-220.

Reynaud P.-L., « Récessions et seuils économiques », *Revue économique*, 8, 1957, p. 1032-1052.

– *Économie généralisée et seuils de croissance. Étude de la psychologie économique du développement. URSS, Tunisie, Portugal*, Paris, Génin, 1962.

Roethlisberger F. J., Dickson W. J., *Management and the Worker*, Cambridge, Mass., Harvard University Press, 1939.

Roos L. L. (Jr.), « Toward a Theory of Cooperation-Experiments Using Non zero-sum Games », *Journal of Social Psychology*, 69, 1966, p. 277-289.

Rosenberg M., « Misanthropy and Political Ideology », *American Sociological Review*, 21, 1956, p. 690-695.

– « Misanthropy and Attitudes Toward International Affairs », *Journal of Conflict Resolution*, 1, 1957, p. 340-345.

Sartre J.-P., *L'être et le néant*, Paris, Gallimard, 1950.

– *Critique de la raison dialectique*, Paris, Gallimard, 1960.

Schmölders G., « The Liquidity Theory of Money », *Kyklos*, 13, 1960, p. 346-360.

Schottländer R., *Theorie des Vertrauens*, Berlin, de Gruyter, 1957.

Schroder H. M., Harvey O. J., « Conceptual Organization and Group Structure », *in* Harvey O. J., *Motivation and Social Interaction: Cognitive Determinants*, New York, Ronald Press, 1963, p. 134-166.

Schütz A., *Der sinnhafte Aufbau der sozialen Welt. Eine Einleitung in die verstehende Soziologie*, Frankfurt-am-Main, Suhrkamp, 1984 (1re édition : 1932).

– « Das Problem der transzendentalen Intersubjektivität bei Husserl », *Philosophische Rundschau*, 5, 1957, p. 81-107.

– *Collected Papers*, 3 Bde, Den Haag, Nijhoff, 1962/66.

Shepard H. R., Blake R. R., « Changing Behavior Through Cognitive Change », *Human Organization*, 21, 1962, p. 88-92.

Simmel G., *Über sociale Differenzierung*, Amsterdam, Liberac, 1966 (1re édition : 1890).

– *Soziologie. Untersuchungen über die Formen der Vergesellschaftung*, Berlin, Duncker & Humblot, 1983 (1re édition : 1922).

Simon H. A., « The Proverbs of Administration », *Public Administration Review*, 6, 1946, p. 53-67.

– *Das Verwaltungshandeln. Eine Untersuchung der Entscheidungsvorgänge in Behörden und privaten Unternehmen*, Stuttgart, Kohlhammer, 1955.

– « Authority », *in* Arensberg (C. M.) *et al.*, eds, *Research in Industrial Human Relations*, New York, Harper, 1957, p. 103-115.

– *Models of Man, Social and Rational: Mathematical Essays on Rational Human Behavior in a Social Setting*, New York-London, Wiley, 1957.

Slater P. E., « Role Differentiation in Small Groups », *American Sociological Review*, 20, 1959, p. 300-310.

Solomon L., « The Influence of Some Types of Power Relationship and Game Strategies on the Development of Interpersonal Trust », *The Journal of Abnormal and Social Psychology*, 61, 1960, p. 223-230.

Stendenbach F. J., *Soziale Interaktion und Lernprozesse*, Köln-Berlin, Kiepenheuer & Witsch, 1963.

Stern W., *Person und Sache. System des kritischen Personalismus*, 3 Bde, Leipzig, Barth, 1923/24.

Stocker M., « Supererogation and Duties », in *Studies in Moral Philosophy. American Philosophical Quarterly Monograph Series 1*, 1968, p. 53-63.

Stogdill R. M., *Individual Behavior and Group Achievement*, New York, Oxford University Press, 1959.

Stratenwerth G., *Verantwortung und Gehorsam. Zur strafrechtlichen Wertung hoheitlich gebotenen Handelns*, Tübingen, Mohr, 1958.

Strauss A. L., *Mirrors and Masks. The Search for Identity*, Glencoe, Ill., Free Press, 1959.

Strickland L. H., « Surveillance and Trust », *Journal of Personality*, 26, 1958, p. 200-215.

Strohal R., *Autorität. Ihr Wesen und ihre Funktion im Leben der Gemeinschaft*, Freiburg-Wien, Herder, 1955.

Swinth R. L., « The Establishment of the Trust Relationship », *The Journal of Conflict Resolution*, 11, 1967, p. 335-344.

Tenbruck F. H., *Zur Kritik der planenden Vernunft*, Freiburg-München, Alber, 1972.

Theunissen M., *Der Andere: Studien zur Sozialontologie der Gegenwart*, Berlin, de Gruyter, 1965.

Thibaut J. W., Kelley H. H., *The Social Psychology of Groups*, New York, Wiley, 1959.

Thibaut J. W., Rierken H. W., « Some Determinants and Consequences of the Perception of Social Causality », *Journal of Personality*, 24, 1955, p. 113-133.

Thompson J. W., « The Importance of Opposites in Human Relations », *Human Relations*, 16, 1963, p. 161-169.

Thompson V. A., *Modern Organization*, New York, Knopf, 1961.

\- « Bureaucracy and Innovation », *Administrative Science Quarterly*, 10, 1965, p. 1-20.

Tirpitz A. (von), *Erinnerungen*, 2. Aufl., Leipzig, v. Hase & Koehler, 1920.

Tobin J., « Liquidity Preference as Behavior Towards Risk », *Review of Economic Studies*, 25, 1958, p. 65-87.

Turner R. H., « Role Taking: Process Versus Conformity », *in* Rose A. M., ed., *Human Behavior and Social Processes: An Interactionist Approach*, Boston, Houghton Mifflin, 1962, p. 20-40.

Urwick L., « Principles of Management », *British Management Review*, 7, 1948, p. 15-48.

Vesta F. J. (di), Meyer D. L., Mills J., « Confidence in an Expert as a Function of his Judgments », *Human Relations*, 17, 1964, p. 235-242.

Vickers G., *The Undirected Society: Essays on the Human Implications of Industrialization in Canada*, Toronto, University of Toronto Press, 1959.

\- *The Art of Judgment: A Study of Policy Making*, London, Basic Books, 1965.

Viehweg Th., *Topik und Jurisprudenz*, 3. Aufl., München, Beck, 1965.

Weigert E., « Existencialism and its Relation to Psychotherapy », *Psychiatry*, 12, 1949, p. 399-412.

Weinrich H., « Syntax als Dialektik (Bochumer Diskussion) », *Poetica*, 1, 1967, p. 61-74.

Wichman H., « Effects of Isolation and Communication on Cooperation in a Two-Person Game », *Journal of Personality and Social Psychology*, 16, 1970, p. 114-120.

Wildavsky A., *The Politics of the Budgetary Process*, Boston-Toronto, Little Brown, 1964.

Wilensky H. L., *Intellectuals in Labor Unions. Organizational Pressures on Professional Roles*, Glencoe, Ill., Free Press, 1956.

Worthy J. C., *Big Business and Free Men*, New York, Harper, 1959.

Wrightsman L. S., « Personality and Attitudinal Correlates of Trusting and Trustworthy Behaviors in a Two-Person Game », *The Journal of Personality and Social Psychology*, 4, 1966, p. 328-332.

Zand D. E., « Trust and Managerial Problem Solving », *Administrative Science Quarterly*, 17, 1972, p. 229-239.

Table des matières

Composé par Economica, 49, rue Héricart, 75015 PARIS
N° 499135U - *Imprimé en France.* - JOUVE, 1, rue du Docteur Sauvé, 53100 MAYENNE